L'AMIE DE MADAME MAIGRET

OUVRAGES DE GEORGES SIMENON
AUX PRESSES DE LA CITÉ

COLLECTION MAIGRET

Mon ami Maigret
Maigret chez le coroner
Maigret et la vieille dame
L'amie de Mme Maigret
Maigret et les petits cochons sans queue
Un Noël de Maigret
Maigret au « Picratt's »
Maigret en meublé
Maigret, Lognon et les gangsters
Le revolver de Maigret
Maigret et l'homme du banc
Maigret a peur
Maigret se trompe
Maigret à l'école
Maigret et la jeune morte
Maigret chez le ministre
Maigret et le corps sans tête
Maigret tend un piège
Un échec de Maigret
Maigret s'amuse
Maigret à New York
La pipe de Maigret et Maigret se fâche
Maigret et l'inspecteur Malgracieux
Maigret et son mort
Les vacances de Maigret
Les Mémoires de Maigret
Maigret et la Grande Perche
La première enquête de Maigret
Maigret voyage
Les scrupules de Maigret
Maigret et les témoins récalcitrants
Maigret aux Assises
Une confidence de Maigret
Maigret et les vieillards
Maigret et le voleur paresseux
Maigret et les braves gens
Maigret et le client du samedi
Maigret et le clochard
La colère de Maigret
Maigret et le fantôme
Maigret se défend
La patience de Maigret
Maigret et l'affaire Nahour
Le voleur de Maigret
Maigret à Vichy
Maigret hésite
L'ami d'enfance de Maigret
Maigret et le tueur
Maigret et le marchand de vin
La folle de Maigret
Maigret et l'homme tout seul
Maigret et l'indicateur
Maigret et Monsieur Charles
Les enquêtes du commissaire Maigret (2 volumes)

LES INTROUVABLES

La fiancée du diable
Chair de beauté
L'inconnue
L'amant sans nom
Dolorosa
Marie Mystère
Le roi du Pacifique
L'île des maudits
Nez d'argent
Les pirates du Texas
La panthère borgne
Le nain des cataractes

ROMANS

Je me souviens
Trois chambres à Manhattan
Au bout du rouleau
Lettre à mon juge
Pedigree
La neige était sale
Le fond de la bouteille
Le destin des Malou
Les fantômes du chapelier
La jument perdue
Les quatre jours du pauvre homme
Un nouveau dans la ville
L'enterrement de Monsieur Bouvet
Les volets verts
Tante Jeanne
Le temps d'Anaïs
Une vie comme neuve
Marie qui louche
La mort de Belle
La fenêtre des Rouet
Le petit homme d'Arkhangelsk
La fuite de Monsieur Monde
Le passager clandestin
Les frères Rio
Antoine et Julie
L'escalier de fer
Feux rouges
Crime impuni
L'horloger d'Everton
Le grand Bob
Les témoins
La boule noire
Les complices
En cas de malheur
Le fils
Le nègre
Strip-tease
Le président
Dimanche
La vieille
Le passage de la ligne
Le veuf
L'ours en peluche
Betty
Le train
La porte
Les autres
Les anneaux de Bicêtre
La rue aux trois poussins
La chambre bleue
L'homme au petit chien
Le petit saint
Le train de Venise
Le confessionnal
La mort d'Auguste
Le chat
Le déménagement
La main
La prison
Il y a encore des noisetiers
Novembre
Quand j'étais vieux
Le riche homme
La disparition d'Odile
La cage de verre
Les innocents

SÉRIE POURPRE

Le voyageur de la Toussaint
La maison du canal
La Marie du port

GEORGES SIMENON

L'AMIE DE MADAME MAIGRET

PRESSES DE LA CITÉ
PARIS

ISBN 2-258-03210-5

CHAPITRE

1

LA PETITE DAME DU SQUARE D'ANVERS

LA POULE ÉTAIT AU feu, avec une belle carotte rouge, un gros oignon et un bouquet de persil dont les queues dépassaient. Mme Maigret se pencha pour s'assurer que le gaz, au plus bas, ne risquait pas de s'éteindre. Puis elle ferma les fenêtres, sauf celle de la chambre à coucher, se demanda si elle n'avait rien oublié, jeta un coup d'œil vers la glace et, satisfaite, sortit de l'appartement, ferma la porte à clef et mit la clef dans son sac.

Il était un peu plus de dix heures du matin, d'un matin de mars. L'air était vif, avec, sur Paris, un soleil pétillant. En marchant jusqu'à la place de la République, elle aurait pu avoir un autobus qui l'aurait conduite boulevard Barbès et elle serait arrivée place d'Anvers bien à temps pour son rendez-vous de onze heures.

A cause de la petite dame, elle descendit l'escalier du métro « Richard-Lenoir », à deux pas de chez elle, et fit tout le trajet sous terre, regardant vaguement, à chaque station, sur les murs crémeux, les affiches familières.

Maigret s'était moqué d'elle, mais pas trop, car, depuis trois semaines, il avait de graves préoccupations.

— Tu es sûre qu'il n'y a pas de bon dentiste plus près de chez nous ?

Mme Maigret n'avait jamais eu à se faire soigner les dents. Mme Roblin, la locataire du quatrième — la dame au chien, — lui avait tant et tant parlé du docteur Floresco qu'elle s'était décidée à aller le voir.

— Il a des doigts de pianiste. Vous ne sentirez même pas qu'il travaille dans votre bouche. Et, si vous venez de ma part, il vous prendra moitié moins cher qu'un autre.

C'était un Roumain, qui avait son cabinet au troisième étage d'un immeuble situé au coin de la rue Turgot et de l'avenue Trudaine, juste en face du square d'Anvers. Mme Maigret y allait-elle pour la septième ou huitième fois ? Elle avait toujours son rendez-vous à onze heures. C'était devenu une routine.

Le premier jour, elle était arrivée un bon quart d'heure en avance, à cause de sa peur maladive de faire attendre, et elle s'était morfondue dans une pièce surchauffée par un poêle à gaz. A la seconde visite, elle avait encore attendu. Les deux fois, elle n'avait été introduite dans le cabinet qu'à onze heures et quart.

Au troisième rendez-vous, parce qu'il y avait un gai soleil et que le square, en face, était bruissant d'oiseaux, elle avait décidé de s'asseoir sur un banc en attendant son heure. C'est ainsi qu'elle avait fait la connaissance de la dame au petit garçon.

Maintenant, c'était si bien entré dans ses habitudes qu'elle le faisait exprès de partir tôt et de prendre le métro pour gagner du temps.

C'était agréable de voir du gazon, des bourgeons à demi éclatés déjà aux branches des quelques arbres qui se découpaient sur le mur du lycée. Du banc, en plein soleil, on suivait des yeux le mouvement du boulevard Rochechouart, les autobus vert et blanc qui avaient l'air de grosses bêtes et les taxis qui se faufilaient.

La dame était là, en tailleur bleu, comme les autres matins, avec son petit chapeau blanc qui lui seyait si bien et qui était si printanier. Elle recula pour faire plus de place à Mme Maigret qui avait apporté une barre de chocolat et la tendit à l'enfant.

— Dis merci, Charles.

Il avait deux ans, et ce qui frappait le plus c'étaient ses grands yeux noirs, aux cils immenses qui lui donnaient un regard de fille. Au début, Mme Maigret s'était demandé s'il parlait, si les syllabes qu'il prononçait appartenaient à un langage. Puis elle avait compris, sans oser s'informer de leur nationalité, que la dame et lui étaient étrangers.

— Pour moi, mars reste le plus beau mois de Paris, en dépit des giboulées, disait Mme Maigret. Certaines préfèrent mai ou juin, mais mars a tellement plus de fraîcheur.

Elle se retournait parfois pour surveiller les fenêtres du dentiste car, d'où elle était, elle apercevait la tête du client qui passait d'habitude avant elle. C'était un homme d'une cinquantaine d'années, assez grognon, à qui on avait entrepris d'enlever toutes les dents. Elle avait fait sa connaissance aussi. Il était originaire de Dunkerque, vivait chez sa fille, mariée dans le quartier, mais n'aimait pas son gendre.

Le gamin, ce matin, muni d'un petit seau rouge et d'une pelle, jouait avec le gravier. Il était toujours très propre, très bien tenu.

— Je crois que je n'en ai plus que pour deux visites, soupira Mme Maigret. D'après ce que le docteur Floresco m'a dit, il commencera aujourd'hui la dernière dent.

La dame souriait en l'écoutant. Elle parlait un français excellent, avec une pointe d'accent qui y ajoutait du charme. A onze heures moins six ou sept minutes, elle souriait encore à l'enfant tout surpris de s'être envoyé de la poussière dans la figure, puis soudain elle eut l'air de regarder quelque chose dans l'avenue Trudaine, parut hésiter, se leva, en disant vivement :

— Vous voulez bien le garder une minute ? Je reviens tout de suite.

Sur le moment, Mme Maigret n'avait pas été trop surprise. Simplement, en pensant à son rendez-vous, elle avait souhaité que la maman revienne à temps et, par délicatesse, elle ne s'était pas retournée pour voir où elle allait.

Le garçonnet ne s'était aperçu de rien. Accroupi, il jouait toujours à remplir de cailloux son seau rouge qu'il renversait ensuite, pour recommencer sans se lasser.

Mme Maigret n'avait pas de montre sur elle. Sa montre ne marchait plus depuis des années et elle ne pensait jamais à la porter à l'horloger. Un vieillard vint s'asseoir sur le banc ; il devait être du quartier, car elle l'avait déjà aperçu.

— Auriez-vous l'obligeance de me dire l'heure, monsieur ?

Il ne devait pas avoir de montre non plus, car il se contenta de répondre :

— Environ onze heures.

On ne voyait plus la tête à la fenêtre du dentiste. Mme Maigret commençait à s'inquiéter. Elle avait honte de faire attendre le docteur Floresco, qui était si gentil, si doux, et dont la patience ne se démentait jamais.

Elle fit des yeux le tour du square sans apercevoir la jeune dame au chapeau blanc. Est-ce que tout à coup, celle-ci s'était sentie mal ? Ou avait-elle aperçu quelqu'un à qui elle avait besoin de parler ?

Un sergent de ville traversait le square et Mme Maigret se leva pour lui demander l'heure. Il était bien onze heures.

La dame ne revenait pas et les minutes passaient. L'enfant avait levé les yeux vers le banc, avait vu que sa mère n'était plus là, mais n'avait pas paru s'en inquiéter.

Si seulement Mme Maigret pouvait avertir le dentiste ! Il y avait juste la rue à traverser, trois étages à monter. Elle faillit demander à son tour au vieux monsieur de garder le gamin, le temps d'aller prévenir le docteur Floresco, n'osa pas, resta debout à regarder tout autour d'elle avec une impatience grandissante.

La seconde fois qu'elle demanda l'heure à un passant, il était onze heures vingt. Le vieux monsieur était parti. Il n'y avait plus qu'elle sur le banc. Elle avait vu partir le patient qui la précédait sortir de l'immeuble du coin et se diriger vers la rue Rochechouart.

Que devait-elle faire ? Était-il arrivé quelque chose à la petite dame ? Si elle avait été renversée par une auto, on aurait vu un attroupement, des gens courir. Peut-être, maintenant, l'enfant allait-il commencer à s'affoler ?

C'était une situation ridicule. Maigret se moquerait encore d'elle. Tout à l'heure, elle téléphonerait au dentiste pour s'excuser. Oserait-elle lui raconter ce qui s'était passé ?

Elle avait chaud soudain, parce que sa nervosité lui mettait le sang à la peau.

— Comment t'appelle-t-on ? demanda-t-elle à l'enfant.

Mais il se contenta de la regarder de ses yeux sombres sans répondre.

— Tu sais où tu habites ?

Il ne l'écoutait pas. L'idée était déjà venue à Mme Maigret qu'il ne comprenait pas le français.

— Pardon, monsieur. Pourriez-vous me dire l'heure, s'il vous plaît.

— Midi moins vingt-deux, madame.

La maman ne revenait pas. A midi, quand des sirènes hurlèrent dans le quartier et que des maçons envahirent un bar voisin, elle n'était toujours pas là.

Le docteur Floresco sortit de l'immeuble et se mit au volant d'une petite auto noire sans qu'elle osât quitter le gamin pour aller s'excuser.

Ce qui la tracassait à présent, c'était sa poule qui était au feu. Maigret lui avait annoncé qu'il rentrerait plus que probablement déjeuner vers une heure.

Ferait-elle mieux d'avertir la police ? Pour cela encore il fallait s'éloigner du square. Si elle emmenait l'enfant et que la mère revienne entre-temps, celle-ci serait folle d'inquiétude. Dieu sait où elle courrait à son tour et où elles finiraient par se retrouver! Elle ne pouvait pas non plus laisser un bambin de deux ans seul au milieu d'un square, à deux pas des autobus et des autos qui passaient sans répit.

— Pardon, monsieur, voudriez-vous me dire l'heure qu'il est?

— Midi et demi.

La poule commençait certainement à brûler; Maigret allait rentrer. Ce serait la première fois, en tant d'années de mariage, qu'il ne la trouverait pas à la maison.

Lui téléphoner était impossible aussi, car il faudrait s'éloigner du square, pénétrer dans un bar. Si seulement elle revoyait l'agent de police de tout à l'heure, ou un autre agent, elle dirait qui elle était, lui demanderait de bien vouloir téléphoner à son mari. Comme par un fait exprès, il n'y en avait plus un seul en vue. Elle regardait dans tous les sens, s'asseyait, se relevait, croyait toujours apercevoir le chapeau blanc, mais ce n'était jamais celui qu'elle attendait.

Elle compta plus de vingt chapeaux blancs en une demi-heure, et quatre d'entre eux étaient portés par des jeunes femmes en tailleur bleu.

***

A onze heures, tandis que Mme Maigret commençait à s'inquiéter, retenue au milieu du square par la garde d'un enfant dont elle ne savait même pas le nom, Maigret mettait son chapeau sur sa tête, sortait de son bureau, adressait quelques mots à Lucas, et se dirigeait, grognon, vers la petite porte qui fait communiquer les locaux de la P. J. avec le Palais de Justice.

C'était devenu une routine, à peu près depuis le même temps que Mme Maigret allait voir son dentiste dans le 9e arrondissement. Le commissaire atteignait le couloir des juges d'instruction où il y avait toujours d'étranges personnages à attendre sur les bancs, certains entre deux gendarmes, et frappait à la porte sur laquelle était inscrit le nom du juge Dossin.

— Entrez.

Par la taille, M. Dossin était le plus grand magistrat de Paris et il paraissait toujours gêné d'être si long, s'excuser d'avoir une silhouette aristocratique de lévrier russe.

— Asseyez-vous, Maigret. Fumez votre pipe. Vous avez lu l'article de ce matin?

— Je n'ai pas encore vu les journaux.

Le juge en poussait un devant lui, avec un gros titre, en première page, qui disait :

L'AFFAIRE STEUVELS
Me Philippe Liotard s'adresse
à la Ligue des Droits de l'Homme.

— J'ai eu un long entretien avec le procureur, dit Dossin. Il est du même avis que moi. Nous ne pouvons pas remettre le relieur en liberté. C'est Liotard lui-même qui, si nous en avions envie, nous en empêcherait par sa virulence.

Quelques semaines plus tôt, ce nom était à peu près inconnu au Palais. Philippe Liotard, qui avait à peine dépassé la trentaine, n'avait jamais plaidé de cause importante. Après avoir été pendant cinq ans un des secrétaires d'un avocat fameux, il commençait seulement à voler de ses propres ailes et habitait encore une garçonnière dénuée de prestige, rue Bergère, à côté d'une maison de passe.

Depuis que l'affaire Steuvels avait éclaté, les journaux parlaient de lui chaque jour, il donnait des interviews retentissantes, envoyait des communiqués, passait même, la mèche en bataille et le sourire sarcastique, sur les écrans dans les actualités.

— Chez vous, rien de nouveau ?

— Rien qui vaille d'être signalé, monsieur le juge.

— Vous espérez retrouver l'homme qui a déposé le télégramme ?

— Torrence est à Concarneau. C'est un débrouillard.

Depuis trois semaines qu'elle passionnait l'opinion, l'affaire Steuvels avait déjà eu un certain nombre de sous-titres, comme un roman-feuilleton.

Cela avait commencé par :

La cave de la rue de Turenne.

Par hasard, cela se passait dans un quartier que Maigret connaissait bien, qu'il rêvait même d'habiter, à moins de cinquante mètres de la place des Vosges.

En quittant l'étroite rue des Francs-Bourgeois, au coin de la place, et en remontant la rue de Turenne vers la République, on trouve d'abord, à main gauche, un bistrot peint en jaune, puis une crémerie, la crémerie Salmon. Tout à côté, c'est un atelier vitré, bas de plafond, à la devanture poussiéreuse, sur laquelle on lit en lettres ternies : *Reliure d'Art.* Dans la boutique suivante, Mme Veuve Rancé tient commerce de parapluies.

Entre l'atelier et la vitrine de parapluies, il y a une porte cochère, une voûte, avec la loge de la concierge, et, au fond de la cour, un ancien hôtel particulier, grouillant maintenant de bureaux et de logements.

Un cadavre dans le calorifère ?

Ce que le public ignorait, ce qu'on avait eu soin de ne pas dire à la presse, c'est que l'affaire avait éclaté par le plus grand des hasards. Un matin, on avait trouvé dans la boîte aux lettres de la P. J., quai des Orfèvres, un méchant morceau de papier d'emballage sur lequel il était écrit :

Le relieur de la rue de Turenne a fait brûler un cadavre dans son calorifère.

Ce n'était pas signé, bien entendu. Le papier avait abouti au bureau de Maigret qui, sceptique, n'avait pas dérangé un de ses anciens inspecteurs, mais avait envoyé le petit Lapointe, un jeune qui brûlait de se distinguer.

Lapointe avait découvert qu'il y avait bien un relieur rue de Turenne, un Flamand installé en France depuis plus de vingt-cinq ans, Frans Steuvels. Se donnant pour un employé des services d'hygiène, l'inspecteur avait visité ses locaux et était revenu avec un plan minutieux.

— Steuvels travaille pour ainsi dire dans la vitrine, monsieur le commissaire. L'atelier, en profondeur, plus obscur à mesure qu'on s'éloigne de la rue, est coupé par une cloison en bois derrière laquelle les Steuvels ont aménagé leur chambre à coucher.

» Un escalier conduit au sous-sol, où il y a une cuisine, puis une petite pièce qu'il faut éclairer toute la journée et qui sert de salle à manger, et enfin une cave. »

— Avec un calorifère?

— Oui. Un vieux modèle, qui ne paraît pas être en fort bon état.

— Il fonctionne?

— Il n'était pas allumé ce matin.

C'était Lucas qui, vers cinq heures de l'après-midi, était allé rue de Turenne pour une perquisition officielle. Heureusement qu'il avait pris la précaution d'emporter un mandat, car le relieur s'était réclamé de l'inviolabilité du domicile.

Le brigadier Lucas avait failli repartir bredouille et on lui en voulait presque, maintenant que l'affaire était devenue le cauchemar de la Police Judiciaire, d'avoir partiellement réussi.

Tout au fond du calorifère, en tamisant les cendres, il avait déniché deux dents, deux dents humaines, qu'il avait portées aussitôt au laboratoire.

— Quel genre d'homme, ce relieur? avait questionné Maigret qui, à ce moment-là, ne s'occupait de l'affaire que de très loin.

— Il doit avoir environ quarante-cinq ans. Il est roux, la peau marquée de petite vérole, avec des yeux bleus et un air très doux. Sa femme, bien que plus jeune que lui, le couve des yeux comme un enfant.

On savait, maintenant que Fernande, devenue célèbre à son tour, était arrivée à Paris comme bonne à tout faire et qu'ensuite elle avait traîné la semelle pendant plusieurs années le long du boulevard de Sébastopol.

Elle avait trente-six ans, vivait avec Steuvels depuis dix ans et il y avait trois ans, sans raison apparente, ils s'étaient mariés à la mairie du 3e arrondissement.

Le laboratoire avait envoyé son rapport. Les dents étaient celles d'un homme d'une trentaine d'années, probablement assez corpulent, qui devait être encore en vie quelques jours plus tôt.

Steuvels avait été amené dans le bureau de Maigret, gentiment, et la « chansonnette » avait commencé. Il était assis dans le fauteuil couvert de velours vert, face à la fenêtre qui donnait sur la Seine, et, ce soir-là, il pleuvait à torrents. Pendant les dix ou douze heures qu'avait duré l'interrogatoire, on avait entendu la pluie battre les vitres et le glouglou de l'eau dans la gouttière. Le relieur portait des lunettes à verres épais, à monture d'acier. Ses cheveux drus, assez longs, étaient en broussailles et sa cravate était de travers.

C'était un homme cultivé, qui avait beaucoup lu. Il se montrait calme, réfléchi, sa peau fine et colorée de roux s'enflammait facilement.

— Comment expliquez-vous que des dents humaines se soient trouvées dans votre calorifère ?

— Je ne l'explique pas.

— Vous n'avez pas perdu de dents ces derniers temps ? Votre femme non plus ?

— Ni l'un ni l'autre. Les miennes sont fausses.

Il avait retiré son râtelier de sa bouche, puis l'avait remis en place d'un geste familier.

— Pouvez-vous me donner votre emploi du temps pendant les soirées des 16, 17 et 18 février ?

L'interrogatoire avait lieu le soir du 21, après les visites de Lapointe et de Lucas rue de Turenne.

— Y a-t-il un vendredi parmi ces jours-là ?

— Le 16.

— Dans ce cas, je suis allé au cinéma Saint-

Paul, rue Saint-Antoine, comme tous les vendredis.

— Avec votre femme ?

— Oui.

— Et les deux autres jours ?

— C'est samedi midi que Fernande est partie.

— Où est-elle allée ?

— A Concarneau.

— Le voyage était décidé depuis longtemps ?

— Sa mère, qui est impotente, vit avec sa fille et son gendre à Concarneau. Samedi matin nous avons reçu un télégramme de la sœur, Louise, annonçant que leur mère était gravement malade, et Fernande a pris le premier train.

— Sans téléphoner ?

— Ils n'ont pas le téléphone.

— La mère était très mal ?

— Elle n'était pas malade du tout. Le télégramme ne venait pas de Louise.

— Alors de qui ?

— Nous l'ignorons.

— Vous avez déjà été victime de mystifications de ce genre ?

— Jamais.

— Quand votre femme est-elle revenue ?

— Le mardi. Elle a profité de ce qu'elle était là-bas pour rester deux jours avec les siens.

— Qu'avez-vous fait pendant ce temps-là ?

— J'ai travaillé.

— Un locataire prétend qu'une fumée épaisse s'est échappée de votre cheminée pendant toute la journée du dimanche.

— C'est possible. Il faisait froid.

C'était exact. La journée du dimanche et celle du lundi avaient été très froides et on avait signalé des gelées sévères dans la banlieue.

— Quel vêtement portiez-vous samedi soir ?

— Celui que je porte aujourd'hui.

— Personne ne vous a rendu visite après la fermeture ?

— Personne, sauf un client qui est venu chercher un livre. Vous voulez son nom et son adresse ?

C'était un homme connu, membre des « Cent Bibliophiles ». Grâce à Liotard, on allait entendre parler de ceux-ci qui presque tous étaient des personnages importants.

— Votre concierge, Mme Salazar, a entendu frapper à votre porte, ce soir-là, vers neuf heures. Plusieurs personnes s'entretenaient avec animation.

— Des gens qui parlaient sur le trottoir peut-être, mais pas chez moi. Il est fort possible, s'ils étaient animés, comme le prétend Mme Salazar, qu'ils aient heurté la devanture.

— Combien de costumes possédez-vous ?

— De même que je n'ai qu'un corps et une tête, je ne possède qu'un complet et un chapeau, en dehors du vieux pantalon et du chandail que je porte pour travailler.

On lui avait montré alors un costume bleu marine trouvé dans l'armoire de sa chambre.

— Et ceci ?

— Cela ne m'appartient pas.

— Comment se fait-il que ce complet se soit trouvé chez vous ?

— Je ne l'ai jamais vu. N'importe qui a pu l'y placer en mon absence. Voilà déjà six heures que je suis ici.

— Voulez-vous passer le veston, s'il vous plaît ?

Il était à sa taille.

— Remarquez-vous ces taches, qui ressemblent

à des taches de rouille ? C'est du sang, du sang humain, selon les experts. On a tenté en vain de les effacer.

— Je ne connais pas ce vêtement.

— Mme Rancé, la marchande de parapluies, prétend vous avoir vu souvent en bleu, en particulier quand, le vendredi, vous allez au cinéma.

— J'ai eu un autre complet, qui était bleu, mais je m'en suis débarrassé il y a plus de deux mois.

Maigret, après ce premier interrogatoire, était maussade. Il avait eu un long entretien avec le juge Dossin, après quoi tous deux s'étaient rendus chez le procureur.

C'est celui-ci qui avait pris la responsabilité de l'arrestation.

— Les experts sont d'accord, n'est-ce pas ? Le reste, Maigret, c'est votre affaire. Allez-y. On ne peut pas remettre ce gaillard-là en liberté.

Dès le lendemain, Me Liotard était sorti de l'ombre, et, depuis, Maigret l'avait à ses trousses comme un roquet hargneux.

Parmi les sous-titres des journaux, il y en avait un qui avait obtenu son petit succès :

La valise fantôme.

Le jeune Lapointe, en effet, affirmait que, lorsqu'il avait visité les lieux sous les apparences d'un employé des services sanitaires, il avait vu une valise d'un brun rougeâtre sous une table de l'atelier.

— C'était une valise ordinaire, bon marché, que j'ai heurtée par mégarde. J'ai été surpris de me faire si mal et j'ai compris quand j'ai voulu la déplacer, car elle était anormalement lourde.

Or, à cinq heures de l'après-midi, lors de la

perquisition de Lucas, la valise n'était plus là. Plus exactement, il y avait encore une valise, brune aussi, bon marché aussi, mais que Lapointe affirmait n'être plus la même.

— C'est la valise avec laquelle je suis allée à Concarneau, avait dit Fernande. Nous n'en avons jamais possédé d'autre. Nous ne voyageons pour ainsi dire pas.

Lapointe s'obstinait, jurait que ce n'était pas la même valise, que la première était plus claire, avec une poignée réparée à l'aide d'une ficelle.

— Si j'avais eu une valise à réparer, rétorquait Steuvels, je ne me serais pas servi de ficelle. N'oubliez pas que je suis relieur et que c'est mon métier de travailler le cuir.

Alors Philippe Liotard était allé solliciter des attestations de bibliophiles, et on avait appris que Steuvels était un des meilleurs relieurs de Paris, le meilleur peut-être, à qui les collectionneurs confiaient leurs travaux délicats, en particulier la remise en état de reliures anciennes.

Tout le monde s'accordait à dire que c'était un homme calme qui passait à peu près toute sa vie dans son atelier, et c'est en vain que la police fouillait son passé pour y trouver quoi que ce fût d'équivoque.

Il y avait bien l'histoire de Fernande. Il l'avait connue alors qu'elle faisait le trottoir et c'était lui qui l'en avait tirée. Mais, sur Fernande non plus, depuis cette époque déjà lointaine, il n'y avait absolument rien à dire.

Torrence était à Concarneau depuis quatre jours. Au bureau de poste, on avait trouvé l'original du télégramme, écrit à la main en caractères d'imprimerie. La postière croyait se souvenir que c'était une femme qui l'avait déposé au guichet, et Torrence cherchait toujours, dressant une liste des voyageurs venus récemment de Paris, questionnant deux cents personnes par jour.

— *Nous en avons assez de la soi-disant infaillibilité du commissaire Maigret !* avait déclaré Me Liotard à un journaliste.

Et il parlait d'une histoire d'élections partielles dans le 3e arrondissement qui aurait fort bien pu décider certaines personnes à déclencher un scandale dans le quartier pour des fins politiques.

Le juge Dossin en prenait pour son grade, lui aussi, et ces attaques, pas toujours délicates, le faisaient rougir.

— Vous n'avez pas le moindre indice nouveau?

— Je cherche. Nous sommes dix, parfois davantage à chercher, et il y a des gens que nous interrogeons pour la vingtième fois. Lucas espère retrouver le tailleur qui a confectionné le complet bleu.

Comme toujours, quand une affaire passionne l'opinion, ils recevaient journellement des centaines de lettres qui, presque toutes, les lançaient sur de fausses pistes, leur faisant perdre un temps considérable. Tout n'en était pas moins scrupuleusement vérifié et on écoutait même les fous qui prétendaient savoir quelque chose.

A une heure moins dix, Maigret descendit de l'autobus au coin du boulevard Voltaire et, jetant comme d'habitude un coup d'œil à ses fenêtres, fut un peu surpris de voir que celle de la salle à manger, malgré le clair soleil qui la frappait en plein, était fermée.

Il monta lourdement l'escalier et tourna le bouton de la porte, qui ne s'ouvrit pas. Il arrivait à Mme Maigret, quand elle s'habillait ou se déshabillait, de donner un tour de clef. Il ouvrit avec la sienne, se trouva dans un nuage de fumée bleue et se précipita dans la cuisine, pour fermer le gaz. Dans la casserole, la poule, la carotte, l'oignon n'étaient plus qu'une croûte noirâtre.

Il ouvrit toutes les fenêtres et, quand Mme Maigret, essoufflée, poussa la porte, une demi-heure plus tard, elle le trouva installé devant un quignon de pain et un morceau de fromage.

— Quelle heure est-il?

— Une heure et demie, dit-il calmement.

Il ne l'avait jamais vue dans un pareil état, le chapeau de travers, la lèvre agitée d'un tremblement.

— Surtout, ne ris pas.

— Je ne ris pas.

— Ne me gronde pas non plus. Je ne pouvais pas faire autrement et j'aurais bien voulu te voir à ma place. Quand je pense que tu es en train de manger un morceau de fromage pour déjeuner!

— Le dentiste?

— Je n'ai pas vu le dentiste. Je suis, depuis onze heures moins le quart, au milieu du square d'Anvers, sans pouvoir en bouger.

— Tu t'es sentie mal?

— Est-ce que je me suis jamais sentie mal de ma vie? Non. C'est à cause du petit. Et, à la fin quand il s'est mis à pleurer et à trépigner, je regardais les gens comme une voleuse.

— Quel petit? Un petit quoi?

— Je t'ai parlé de la dame en bleu et de son enfant, mais tu ne m'écoutes jamais. Celle dont j'ai fait la connaissance sur le banc en attendant mon tour chez le dentiste. Ce matin elle s'est levée précipitamment et s'est éloignée en me demandant de garder l'enfant un instant.

— Et elle n'est pas revenue ? Qu'as-tu fait du garçon ?

— Elle a fini par revenir, il y a tout juste un quart d'heure. Je suis rentrée en taxi.

— Que t'a-t-elle dit en revenant ?

— Le plus beau, c'est qu'elle ne m'a rien dit. J'étais au milieu du square, plantée comme une girouette, avec le gamin qui criait à ameuter les passants.

» J'ai enfin vu un taxi qui s'arrêtait au coin de l'avenue Trudaine et j'ai reconnu le chapeau blanc. Elle ne s'est même pas donné la peine d'en sortir. Elle a entrouvert la portière, m'a fait signe. Le gamin courait devant moi et j'avais peur qu'il se fasse écraser. Il est arrivé au taxi le premier et la portière se refermait quand j'ai pu m'approcher à mon tour.

» — Demain m'a-t-elle crié. Je vous expliquerai demain. Pardonnez-moi...

» Elle ne m'a pas dit merci. Déjà le taxi s'éloignait dans la direction du boulevard Rochechouart et il a tourné à gauche vers Pigalle. »

Elle se tut, à bout de souffle, retira son chapeau d'un geste si brusque qu'elle en eut les cheveux ébouriffés.

— Tu ris ?

— Mais non.

— Avoue que cela te fait rire. N'empêche qu'elle a abandonné son enfant pendant plus de deux heures entre les mains d'une étrangère. Elle ne sait même pas mon nom.

— Et toi ? Tu connais le sien ?

— Non.

— Tu sais où elle habite?

— Je ne sais rien du tout, sinon que j'ai raté mon rendez-vous, que ma bonne poule est brûlée et que tu es en train de manger du fromage sur un coin de table comme un... comme un...

Alors, ne trouvant pas le mot, elle se mit à pleurer, en se dirigeant vers la chambre à coucher pour aller se changer.

CHAPITRE

2

LES SOUCIS DU GRAND TURENNE

MAIGRET AVAIT UNE façon à lui de monter les deux étages du quai des Orfèvres, l'air encore assez indifférent au début, dans le bas de la cage d'escalier, là où la lumière du dehors arrivait presque pure, puis plus préoccupé à mesure qu'il pénétrait dans la grisaille du vieil immeuble, comme si les soucis du bureau l'imprégnaient à mesure qu'il s'en approchait.

Quand il passait devant l'huissier, il était déjà le patron. Ces derniers temps, il avait pris l'habitude avant de pousser sa porte, que ce fût le matin ou l'après-midi, de faire un tour dans le bureau des inspecteurs et, le chapeau sur la tête, le pardessus sur le dos, d'entrer chez le Grand Turenne.

C'était la nouvelle « scie » du Quai, et elle était révélatrice de l'ampleur que l'affaire Steuvels avait prise. Lucas, qui s'était vu confier la charge de centraliser les renseignements, de les confronter et de les tenir à jour, n'avait pas tardé à être débordé, car c'était lui aussi qui prenait les coups de téléphone, dépouillait le courrier concernant l'affaire et recevait les informateurs.

Incapable de travailler dans le bureau des inspecteurs, où le va-et-vient était continuel, il s'était réfugié dans une pièce adjacente sur la porte de laquelle une main facétieuse n'avait pas tardé à écrire : *Le Grand Turenne.*

Dès qu'un inspecteur en avait fini avec une affaire quelconque, dès que quelqu'un rentrait de mission, il y avait un collègue pour lui demander :

— Tu es libre ?

— Oui.

— Va voir le Grand Turenne ! Il embauche !

C'était vrai. Le petit Lucas n'avait jamais assez de personnel pour ses vérifications et il n'y avait probablement plus personne dans le service qui ne fût allé au moins une fois faire un tour rue de Turenne.

Tous connaissaient le carrefour, près de chez le relieur, avec ses trois cafés : d'abord le café-restaurant, au coin de la rue des Francs-Bourgeois, puis *Le Grand Turenne,* en face, et enfin, à trente mètres, au coin de la place des Vosges, le *Tabac des Vosges,* que les reporters avaient adopté comme quartier général.

Car ils étaient aussi sur l'affaire. Les policiers, eux, buvaient le coup au *Grand Turenne,* par les vitres duquel on pouvait voir l'atelier du Flamand. C'était *leur* quartier général, dont le bureau de Lucas était en quelque sorte devenu une succursale.

Le plus étonnant, c'est que le brave Lucas, retenu par son travail de classification, était probablement le seul à n'avoir pas encore mis les pieds sur les lieux, depuis sa visite du premier jour.

De tous, ce n'en était pas moins lui qui connaissait le mieux le coin. Il savait qu'après *Le Grand Turenne* (le café!) il y avait un magasin de vins fins, *Les Caves de Bourgogne*, et il en connaissait les propriétaires, il n'avait qu'une fiche à consulter pour dire ce qu'ils avaient répondu à chaque enquêteur.

Non. Ceux-là n'avaient rien vu. Mais, le samedi soir, ils partaient pour la vallée de Chevreuse, où ils passaient le week-end dans un pavillon qu'ils s'étaient fait construire.

Après *Les Caves de Bourgogne*, c'était l'échoppe d'un cordonnier qui s'appelait M. Bousquet.

Celui-ci parlait trop, au contraire, mais il avait le défaut de ne pas dire la même chose à tout le monde. Cela dépendait du moment de la journée auquel on l'interrogeait, du nombre d'apéritifs et de petits verres qu'il était allé boire à un des trois coins, indifféremment.

Puis c'était la papeterie Frère, un commerce de demi-gros, et, dans la cour, derrière, il y avait une cartonnerie.

Au-dessus de l'atelier de Frans Steuvels, au premier étage de l'ancien hôtel particulier, on fabriquait des bijoux en série. C'était la maison « Sass et Lapinsky », qui employait une vingtaine d'ouvrières et quatre ou cinq ouvriers mâles, ces derniers titulaires de noms impossibles.

Tout le monde avait été questionné, certains quatre ou cinq fois, par des inspecteurs différents, sans parler des multiples enquêtes des journalistes. Deux tables en bois blanc, dans le bureau de Lucas, étaient couvertes de papiers, de plans, d'aide-mémoire dans le fatras desquels il était seul à se retrouver.

Et, inlassablement, Lucas remettait ses notes à jour. Cet après-midi encore, Maigret venait se camper sans rien dire derrière son dos, en tirant doucement sur sa pipe.

Une page intitulée « Motifs » était noircie de notations qu'on avait biffées les unes après les autres.

On avait cherché du côté de la politique. Non pas dans le sens indiqué par Me Liotard, car cela ne tenait pas debout. Mais Steuvels, qui vivait en solitaire, aurait pu appartenir à quelque organisation subversive.

Cela n'avait rien donné. Plus on fouillait sa vie et plus on constatait qu'elle était sans histoire. Les livres de sa bibliothèque, examinés un à un, étaient des livres choisis parmi les meilleurs auteurs du monde entier, par un homme intelligent, particulièrement cultivé. Non seulement il les lisait et les relisait, mais il annotait en marge.

La jalousie? Fernande ne sortait jamais sans lui, sinon pour faire son marché dans le quartier et, de sa place, il pouvait presque la suivre des yeux dans les boutiques où elle se fournissait.

On s'était demandé s'il n'y avait pas un rapport entre le meurtre supposé et la proximité des établissements « Sass et Lapinsky ». Rien n'avait été volé chez les fabricants de bijoux. Ni les patrons ni les ouvriers ne connaissaient le relieur, sinon pour l'avoir aperçu derrière sa vitre.

Rien non plus du côté de la Belgique. Steuvels l'avait quittée à l'âge de dix-huit ans et n'y était jamais retourné. Il ne s'occupait pas de politique et il n'y avait aucune apparence qu'il appartînt à un mouvement extrémiste flamand.

On avait tout envisagé. Lucas acceptait les

suggestions les plus folles, par acquit de conscience, ouvrait la porte du bureau des inspecteurs, en appelait un au petit bonheur.

On savait ce que cela signifiait. Une nouvelle vérification à faire, rue de Turenne ou ailleurs.

— Je tiens peut-être quelque chose, dit-il cette fois à Maigret en piquant un feuillet parmi les dossiers épars. J'avais fait passer une note à tous les chauffeurs de taxi. Il y en a un qui sort d'ici, un Russe naturalisé. Je ferai vérifier.

C'était le mot à la mode. *Vérifier !*

— Je voulais savoir si, le samedi 17 février, aucun taxi n'avait conduit une ou plusieurs personnes chez le relieur après la tombée de la nuit. Le chauffeur, un nommé Georges Peskine, a été hélé par trois clients, ce samedi-là, vers huit heures et quart, aux environs de la gare Saint-Lazare, et ils se sont fait conduire au coin de la rue de Turenne et de la rue des Francs-Bourgeois. Il était donc plus de huit heures et demie quand il les a déposés, ce qui ne colle pas trop mal avec le témoignage de la concierge au sujet des bruits entendus. Le chauffeur ne connaît pas ses clients. Cependant, d'après lui, celui qui paraissait le plus important des trois, et qui lui a parlé, était un Levantin.

— Quelle langue employaient-ils entre eux ?

— Le français. Un autre, un grand blond assez corpulent, d'une trentaine d'années, doué d'un fort accent hongrois, paraissait inquiet, mal à l'aise. Le troisième, un Français entre deux âges, moins bien habillé que ses compagnons, ne semblait pas appartenir au même milieu social.

» En descendant de l'auto, le Levantin a payé,

et tous trois ont remonté la rue de Turenne dans la direction de chez le relieur. »

Sans cette histoire de taxi, Maigret n'aurait peut-être pas pensé à l'aventure de sa femme.

— Tant que tu es dans les chauffeurs, tu pourrais peut-être te renseigner sur un petit fait qui s'est produit ce matin. Cela n'a rien à voir avec notre affaire, mais cela m'intrigue.

Lucas n'allait pas être aussi convaincu que cela n'avait rien à voir avec son affaire, car il était prêt à y rattacher les événements les plus lointains, les plus fortuits. Dès la première heure, le matin, il se faisait communiquer tous les rapports de la police municipale pour s'assurer qu'ils ne contenaient rien de susceptible d'entrer dans son champ d'activité.

Il abattait, seul dans son bureau, une besogne énorme, que le public, qui lisait les journaux et suivait l'affaire Steuvels comme un feuilleton, était loin de soupçonner.

Maigret racontait en quelques mots l'histoire de la dame au chapeau blanc et du petit garçon.

— Tu pourrais téléphoner aussi à la police du 9e arrondissement. Le fait qu'elle était chaque matin sur le même banc du square d'Anvers laisse supposer qu'elle habite le quartier. Qu'ils vérifient dans les environs, chez les commerçants, dans les hôtels et les meublés.

Vérifications! En temps normal, on trouvait jusqu'à dix inspecteurs à la fois, fumant, rédigeant des rapports, lisant les journaux ou même jouant aux cartes, dans le bureau voisin. Maintenant, il était rare d'en voir deux en même temps. A peine étaient-ils entrés que le *Grand Turenne* ouvrait la porte de sa tanière.

— Tu es libre, petit ? Viens un instant.

Et c'en était un de plus qui partait sur une piste.

On avait cherché la valise disparue dans toutes les consignes de gare et chez tous les brocanteurs.

Le petit Lapointe était peut-être inexpérimenté, mais c'était un garçon sérieux, incapable d'inventer une histoire.

Il y avait donc, dans l'atelier de Steuvels, le matin du 21 février, une valise qui ne s'y trouvait plus quand Lucas y était allé à cinq heures.

Or, autant que les voisins s'en souvenaient, Steuvels n'était pas sorti de chez lui ce jour-là et personne n'avait vu Fernande s'éloigner avec une valise ou un colis.

Était-on venu prendre livraison d'ouvrages reliés ? Cela avait été « vérifié » aussi. L'ambassade d'Argentine avait fait chercher un document pour lequel Steuvels avait réussi une reliure somptueuse, mais ce n'était pas volumineux et le porteur l'avait sous le bras en sortant.

Martin, l'homme le plus cultivé de la P. J., avait travaillé près d'une semaine dans l'atelier du relieur, épluchant ses livres, étudiant les travaux réalisés par lui durant les derniers mois, se mettant en rapport téléphonique avec les clients.

— C'est un homme étonnant, avait-il conclu. Il a la clientèle la plus choisie qui soit. Tout le monde à pleine confiance en lui. Il travaille, notamment, pour plusieurs ambassades.

Mais, de ce côté encore, il n'y avait rien de mystérieux. Si les ambassades lui confiaient leurs travaux, c'est qu'il était héraldiste et possédait les fers d'un grand nombre de blasons, ce qui lui permettait de relier livres ou documents aux armes des divers pays.

— Vous n'avez pas l'air content, patron. Vous verrez pourtant qu'il finira par sortir quelque chose de tout cela.

Et le brave Lucas, qui ne se décourageait pas, désignait les centaines de papiers qu'il amassait allégrement.

— On a retrouvé des dents dans le calorifère, n'est-ce pas? Elles n'y sont pas venues toutes seules. Et quelqu'un a déposé un télégramme à Concarneau pour y attirer la femme de Steuvels. Le complet bleu accroché dans l'armoire avait des taches de sang humain qu'on avait en vain essayé de faire disparaître. Me Liotard aura beau dire et beau faire, moi, je ne sors pas de là.

Mais ces paperasses, dont s'enivrait le brigadier, accablaient le commissaire, qui les regardait d'un œil glauque.

— A quoi pensez-vous, patron?

— A rien. J'hésite.

— A le faire relâcher?

— Non. Cela regarde le juge d'instruction.

— Autrement, vous le feriez relâcher?

— Je ne sais pas. J'hésite à reprendre toute l'affaire depuis le début.

— Comme vous voudrez, répliqua Lucas, un peu vexé.

— Cela ne t'empêche pas de continuer ton travail, au contraire. Si nous tardons trop on ne s'y retrouvera plus. C'est toujours la même chose : une fois que la presse s'en mêle, tout le monde a quelque chose à dire et nous sommes submergés.

— Je n'en ai pas moins retrouvé le chauffeur, comme je vais retrouver celui de Mme Maigret.

Le commissaire bourra une nouvelle pipe, ouvrit la porte. Il n'y avait pas un seul inspecteur à côté. Tous étaient quelque part, à s'occuper du Flamand.

— Vous vous décidez ?

— Je crois que oui.

Il n'entra même pas dans son bureau, quitta le quai des Orfèvres et héla tout de suite un taxi.

— Au coin de la rue de Turenne et de la rue des Francs-Bourgeois !

Ces mots-là, qu'on entendait du matin au soir, en devenaient écœurants.

***

Les gens du quartier, eux, n'avaient jamais été à pareille fête. Tous, les uns après les autres, avaient eu leur nom dans les journaux. Commerçants, artisans, il leur suffisait d'aller boire un verre au *Grand Turenne* pour rencontrer des policiers et, s'ils traversaient la rue pour entrer au *Tabac des Vosges*, où le vin blanc était renommé, c'étaient des reporters qui les accueillaient.

Dix fois, vingt fois on leur avait demandé leur opinion sur Steuvels, sur Fernande, des détails sur leurs faits et gestes.

Comme il n'y avait même pas de cadavre, en définitive, mais seulement deux dents, ce n'était pas du tout dramatique et cela ressemblait plutôt à un jeu.

Maigret descendit de voiture en face du *Grand Turenne*, jeta un coup d'œil à l'intérieur, n'y vit personne de la Maison, fit quelques pas et se trouva devant l'atelier du relieur où, depuis trois semaines, le volet était accroché et la porte fermée. Il n'y avait pas de bouton de sonnerie et il frappa, sachant que Fernande devait être chez elle.

C'était le matin qu'elle s'absentait. Chaque jour, en effet, depuis l'arrestation de Frans, elle sortait à dix heures, portant trois petites casseroles qui s'emboîtaient et que maintenait une ferrure finissant par une poignée.

C'était le repas de son mari, qu'elle portait ainsi à la Santé, en métro.

Maigret dut frapper une seconde fois et la vit émerger de l'escalier qui réunissait l'atelier au sous-sol. Elle le reconnut, se retourna pour parler à quelqu'un d'invisible et vint enfin lui ouvrir.

Elle était en pantoufles et portait un tablier à carreaux. À la voir ainsi, un peu engraissée, le visage sans maquillage, personne n'aurait reconnu la femme qui avait jadis fait le trottoir dans les petites rues avoisinant le boulevard de Sébastopol. Elle avait toutes les apparences d'une femme d'intérieur, d'une ménagère méticuleuse et, en temps normal, elle devait être d'humeur gaie.

— C'est moi que vous voulez voir? questionna-t-elle non sans une pointe de lassitude.

— Il y a quelqu'un chez vous?

Elle ne répondit pas, et Maigret se dirigea vers l'escalier, en descendit quelques marches, se pencha et fronça les sourcils.

On lui avait déjà signalé dans les environs la présence d'Alfonsi qui prenait volontiers l'apéritif avec les journalistes au *Tabac des Vosges*, évitant de mettre les pieds au *Grand Turenne*.

Il se tenait debout, en familier des lieux, dans la cuisine où quelque chose mijotait sur le feu, et, bien qu'un peu gêné, il eut un sourire ironique à l'adresse du commissaire.

— Qu'est-ce que tu fais ici, toi?

— Vous le voyez : une visite, comme vous. C'est mon droit, n'est-ce pas ?

Alfonsi avait fait partie de la P. J., mais pas de la brigade de Maigret. Pendant quelques années, il avait appartenu à la police des mœurs, où on avait fini par lui faire comprendre qu'en dépit de ses protections politiques il était indésirable.

De petite taille, il portait des talons très hauts pour se grandir, peut-être un jeu de cartes dans ses souliers, comme certains l'insinuaient, et il était toujours vêtu avec une recherche exagérée, un gros diamant vrai ou faux au doigt.

Il avait ouvert, rue Notre-Dame-de-Lorette, une agence de police privée dont il était à la fois le patron et l'unique employé, assisté seulement d'une vague secrétaire qui était surtout sa maîtresse et avec qui on le rencontrait la nuit dans les cabarets.

Quand on avait signalé à Maigret sa présence rue de Turenne, le commissaire avait d'abord cru que l'ex-inspecteur essayait de pêcher quelques renseignements qu'il vendrait ensuite aux journaux.

Puis il avait découvert que Philippe Liotard l'avait pris à sa solde.

C'était la première fois qu'il le trouvait personnellement sur sa route et il grommela !

— J'attends.

— Qu'est-ce que vous attendez ?

— Que tu t'en ailles.

— C'est dommage, car je n'ai pas fini.

— Comme tu voudras.

Maigret fit mine de se diriger vers la sortie.

— Qu'allez-vous faire ?

— Appeler un de mes hommes et te le mettre

sur les talons jour et nuit. C'est mon droit aussi.

— Bon! Ça va! Inutile de faire le méchant, monsieur Maigret!

Il s'engagea dans l'escalier, avec des airs de gars du milieu, adressant avant de partir un clin d'œil à Fernande.

— Il vient souvent? demanda Maigret.

— C'est la seconde fois.

— Je vous conseille de vous méfier.

— Je sais. Je connais ces gens-là.

Était-ce une allusion discrète à l'époque où elle dépendait des hommes de la police des mœurs?

— Comment est Steuvels?

— Bien. Il lit toute la journée. Il a confiance.

— Et vous?

Y eut-il réellement une hésitation?

— Moi aussi.

On la sentait cependant un peu lasse.

— Quels livres lui portez-vous en ce moment?

— Il est en train de relire Marcel Proust de bout en bout.

— Vous l'avez lu aussi?

— Oui.

Steuvels, en somme, avait fait l'éducation de sa femme jadis ramassée sur le trottoir.

— Vous auriez tort de croire que je viens vous voir en ennemi. Vous connaissez la situation aussi bien que moi. Je veux comprendre. Pour l'instant, je ne comprends rien. Et vous?

— Je suis sûre que Frans n'a pas commis un crime.

— Vous l'aimez?

— Ce mot-là ne veut rien dire. Il en faudrait un autre, un mot fait exprès, qui n'existe pas.

Il était remonté dans l'atelier où, sur la longue

table faisant face à la fenêtre, étaient rangés les outils du relieur. Les presses se trouvaient derrière, dans la pénombre, et, sur les rayons, des livres attendaient leur tour parmi les travaux commencés.

— Il avait des habitudes régulières, n'est-ce pas ? J'aimerais que vous me donniez, aussi exactement que possible, l'emploi d'une de ses journées.

— On m'a déjà demandé la même chose.

— Qui ?

— Me Liotard.

— L'idée vous est-elle venue que les intérêts de Me Liotard ne sont pas nécessairement les vôtres ? Inconnu il y a trois semaines, ce qu'il cherche c'est à obtenir le plus de bruit possible autour de son nom. Peu lui importe que votre mari soit innocent ou coupable.

— Pardon. S'il prouve son innocence, cela lui fera une réclame immense et sa réputation sera établie.

— Et s'il obtient sa liberté sans avoir prouvé cette innocente d'une façon irréfutable ? Il passera pour un malin. Tout le monde s'adressera à lui. De votre mari, on dira :

» — Il a eu de la chance que Liotard l'en ait tiré ! »

» Autrement dit, plus Steuvels paraîtra coupable, et plus l'avocat aura de mérite. Comprenez-vous ça ?

— Frans, surtout, le comprend.

— Il vous l'a dit ?

— Oui.

— Il n'aime pas Liotard ? Pourquoi l'a-t-il choisi ?

— Il ne l'a pas choisi. C'est lui qui...

— Un instant. Vous venez de dire une chose importante.

— Je sais.

— Vous l'avez fait exprès ?

— Peut-être. Je suis fatiguée de tout ce bruit autour de nous et je comprends d'où cela vient. Je n'ai pas l'impression de nuire à Frans en disant ce que je dis.

— Quand le brigadier Lucas est venu perquisitionner, le 21 février, vers cinq heures, il n'est pas reparti seul, mais il a emmené votre mari.

— Et vous l'avez interrogé toute la nuit, dit-elle avec reproche.

— C'est mon métier. A ce moment, Steuvels n'avait pas encore d'avocat, puisqu'il ne savait pas qu'il serait poursuivi. Et, depuis, il n'a pas été relâché. Il n'est revenu ici qu'en compagnie d'inspecteurs, et pendant très peu de temps. Or, lorsque je lui ai demandé de choisir un avocat, il a prononcé sans hésiter le nom de Me Liotard.

— Je vois ce que vous voulez dire.

— L'avocat a donc vu Steuvels ici *avant* le brigadier Lucas ?

— Oui.

— Par conséquent, le 21 dans l'après-midi, entre la visite de Lapointe et celle du brigadier ?

— Oui.

— Vous avez assisté à l'entretien ?

— Non, j'étais en bas à faire le grand ménage, car j'avais été trois jours absente.

— Vous ne savez pas ce qu'ils se sont dit ? Ils ne se connaissaient pas auparavant ?

— Non.

— Ce n'est pas votre mari qui lui a téléphoné pour lui demander de venir ?

— J'en suis à peu près sûre.

Des gamins du quartier venaient coller leur visage à la devanture, et Maigret proposa :

— Vous ne préférez pas que nous descendions ?

Elle lui fit traverser la cuisine et ils entrèrent dans la petite pièce sans fenêtre qui était très coquette, très intime, avec, tout autour, des rayonnages chargés de livres, la table sur laquelle le couple mangeait et, dans un coin, une autre table qui servait de secrétaire.

— Vous me demandiez l'emploi du temps de mon mari. Il se levait chaque jour à six heures, hiver comme été, et, l'hiver, son premier soin était d'aller charger le calorifère.

— Pourquoi n'était-il pas allumé le 21 ?

— Il ne faisait pas assez froid. Après quelques jours de gelée, le temps s'était remis au beau et nous ne sommes frileux ni l'un ni l'autre. Dans la cuisine, j'ai le réchaud à gaz qui chauffe suffisamment et, dans l'atelier, il y en a un autre dont Frans se sert pour sa colle et ses outils.

» Avant de faire sa toilette, il allait chercher des croissants à la boulangerie pendant que je préparais le café, et nous prenions notre petit déjeuner.

» Puis il se lavait et se mettait tout de suite au travail. Je quittais la maison vers neuf heures, le plus gros du ménage fini, pour aller faire le marché.

— Il ne sortait jamais pour des livraisons ?

— Rarement. On lui apportait les travaux, on venait les reprendre. Quand il devait se déranger, je l'accompagnais, car c'étaient à peu près nos seules sorties.

» Nous déjeunions à midi et demi.

— Il se remettait au travail immédiatement?

— Presque toujours, après un moment passé sur le seuil pour fumer une cigarette, car il ne fumait pas en travaillant.

» Cela durait jusqu'à sept heures, parfois sept heures et demie. Je ne savais jamais à quelle heure on mangerait, car il tenait à finir le travail en cours. Ensuite il mettait les volets, se lavait les mains et, après le dîner, nous lisions, dans cette pièce, jusqu'à dix ou onze heures.

» Sauf le vendredi soir, où nous allions au cinéma Saint-Paul.

— Il ne buvait pas?

— Un verre d'alcool, chaque soir, après le dîner. Juste un petit verre, qui lui durait bien une heure, car il ne faisait chaque fois qu'y tremper les lèvres.

— Le dimanche? Vous alliez à la campagne?

— Jamais. Il avait horreur de la campagne. Nous traînions toute la matinée sans nous habiller. Il bricolait. C'est lui qui a fait ces rayonnages et à peu près tout ce qu'il y a chez nous. L'après-midi, nous allions nous promener à pied dans le quartier des Francs-Bourgeois, dans l'île Saint-Louis, et nous dînions souvent dans un petit restaurant près du Pont-Neuf.

— Il est avare?

Elle rougit et répondit avec moins de naturel, par une question, comme font les femmes embarrassées :

— Pourquoi me demandez-vous ça?

— Il y a plus de vingt ans qu'il travaille de la sorte, n'est-ce pas?

— Il a travaillé toute sa vie. Sa mère était très pauvre. Il a eu une enfance malheureuse.

— Or il passe pour le relieur le plus cher de Paris et il refuse plutôt des commandes qu'il n'en sollicite.

— C'est vrai.

— Avec ce qu'il gagne, vous pourriez avoir une vie confortable, un appartement moderne et même une auto.

— Pourquoi faire ?

— Il prétend qu'il n'a jamais qu'un complet à la fois et votre garde-robe ne paraît pas mieux fournie.

— Je n'ai besoin de rien. Nous mangeons bien.

— Vous ne devez pas dépenser pour vivre le tiers de ce qu'il gagne ?

— Je ne m'occupe pas des questions d'argent.

— La plupart des hommes travaillent dans un but déterminé. Les uns ont envie d'une maison de campagne, d'autres rêvent de prendre leur retraite, d'autres se dévouent pour leurs enfants. Il n'avait pas d'enfants ?

— Je ne peux malheureusement pas en avoir.

— Et avant vous ?

— Non. Il n'avait pour ainsi dire pas connu de femmes. Il se contentait de ce que vous savez, et c'est grâce à ça que je l'ai rencontré.

— Que fait-il de son argent ?

— Je ne sais pas. Sans doute qu'il le place.

On avait en effet retrouvé un compte en banque au nom de Steuvels, à l'Agence O de la Société Générale, rue Saint-Antoine. Presque chaque semaine le relieur y faisait des dépôts peu importants, qui correspondaient aux sommes encaissées de ses clients.

— Il travaillait pour le plaisir de travailler. C'est un Flamand. Je commence à savoir ce que cela veut dire. Il pourrait passer des heures sur une reliure pour la joie de réussir une chose remarquable.

C'était curieux : parfois elle parlait de lui au passé, comme si les murs de la Santé l'avaient déjà séparé du monde, parfois au présent, comme s'il allait rentrer d'un moment à l'autre.

— Il restait en rapport avec sa famille ?

— Il n'a jamais connu son père. Il a été élevé par un oncle, qui l'a placé, très jeune, dans une institution charitable, heureusement pour lui, car c'est là qu'il a appris son métier. On les menait durement, et il n'aime guère en parler.

Il n'y avait pas d'autre issue au logement que la porte de l'atelier. Pour gagner la cour, il fallait sortir par la rue et passer sous la voûte, devant la loge de la concierge.

C'était étonnant, quai des Orfèvres, d'entendre Lucas jongler avec tous ces noms dans lesquels Maigret se retrouvait à peine, Mme Salazar, la concierge, Mlle Béguin la locataire du quatrième, le cordonnier, la marchande de parapluies, la crémière et sa bonne, tous et toutes dont il parlait comme s'il les connaissait depuis toujours et dont il énumérait les manies.

— Qu'est-ce que vous êtes en train de lui préparer pour demain ?

— Un ragoût d'agneau. Il aime manger. Vous aviez l'air, tout à l'heure, de me demander quelle est sa passion, en dehors du travail. C'est probablement la nourriture. Et, bien qu'il soit assis toute la journée, qu'il ne prenne ni air ni exercice, je n'ai jamais vu un homme avoir autant d'appétit.

— Avant de vous connaître, il n'avait pas d'amis ?

— Je ne crois pas. Il ne m'en a pas parlé.

— Il habitait déjà ici ?

— Oui. Il faisait lui-même son ménage. Une fois par semaine, seulement, Mme Salazar venait nettoyer à fond. C'est peut-être parce qu'on n'a plus eu besoin d'elle qu'elle ne m'a jamais aimée.

— Les voisins savent ?

— Ce que je faisais avant ? Non, je veux dire pas jusqu'à l'arrestation de Frans. Ce sont les journalistes qui en ont parlé.

— Ils vous ont battu froid ?

— Certains. Mais Frans était tellement aimé qu'ils ont plutôt tendance à nous plaindre.

C'était vrai, d'une façon générale. Si l'on avait fait, dans la rue, le compte des « pour » et des « contre », les « pour » l'auraient certainement emporté.

Mais les gens du quartier, pas plus que les lecteurs des journaux, n'avaient envie que cela finisse trop tôt. Plus le mystère s'épaississait, plus la lutte était farouche entre la P. J. et Philippe Liotard, plus les gens étaient contents.

— Qu'est-ce qu'Alfonsi vous voulait ?

— Il n'a pas eu le temps de me le dire. Il venait d'arriver quand vous êtes entré. Je n'aime pas sa façon de pénétrer ici comme dans un endroit public, le chapeau sur la tête, de me tutoyer en m'appelant par mon prénom. Si Frans était là, il y a longtemps qu'il l'aurait flanqué à la porte.

— Il est jaloux ?

— Il n'aime pas les familiarités.

— Il vous aime ?

— Je crois que oui.

— Pourquoi ?

— Je ne sais pas. Peut-être parce que je l'aime.

Il ne sourit pas. Il n'avait pas, comme Alfonsi, gardé son chapeau sur sa tête. Il ne se montrait pas brutal et ne prenait pas non plus son air rusé. Il paraissait vraiment, dans ce sous-sol, un gros homme qui essaie honnêtement de comprendre.

— Vous ne direz évidemment rien qui puisse se tourner contre lui.

— Sûrement non. Je n'ai d'ailleurs rien à dire de ce genre.

— Il n'en est pas moins évident qu'un homme a été tué dans ce sous-sol.

— Les experts l'affirment et je n'ai pas assez d'instruction pour les contredire. En tout cas, ce n'est pas par Frans.

— Il semble impossible que cela se soit passé à son insu.

— Je sais ce que vous allez dire, mais je répète qu'il est innocent.

Maigret se leva en soupirant. Il était content qu'elle ne lui eût rien offert à boire, comme croient devoir le faire tant de gens en pareille circonstance.

— J'essaie de recommencer à zéro, avoua-t-il. Mon intention, en venant ici, était d'examiner à nouveau les lieux centimètre par centimètre.

— Vous ne le faites pas ? On a tout bouleversé tant de fois !

— Je n'en ai pas le courage. Je reviendrai peut-être. J'aurai sans doute d'autres questions à vous poser.

— Vous savez que je répète tout à Frans les jours de visite ?

— Oui, je vous comprends.

Il s'engagea dans l'escalier étroit, et elle le suivit dans l'atelier devenu presque obscur dont elle lui ouvrit la porte. Tous deux aperçurent en même temps Alfonsi qui attendait au coin de la rue.

— Vous allez le recevoir ?

— Je me le demande. Je suis lasse.

— Vous voulez que je lui ordonne de vous laisser tranquille ?

— Ce soir, en tout cas.

— Bonsoir.

Elle lui dit bonsoir aussi, et il marcha lourdement vers l'ancien inspecteur des mœurs. Quand il le rejoignit, au coin, deux jeunes reporters les observaient à travers les vitres du *Tabac des Vosges*.

— File !

— Pourquoi ?

— Pour rien. Parce qu'elle n'a pas envie que tu la déranges à nouveau aujourd'hui. Compris.

— Pourquoi êtes-vous méchant avec moi ?

— Simplement parce que ta figure me déplaît.

Et, lui tournant le dos, il se conforma à la tradition en entrant au *Grand Turenne* pour boire un verre de bière.

CHAPITRE

3

L'HÔTEL MEUBLÉ DE LA RUE LEPIC

IL FAISAIT TOUJOURS un clair soleil, avec un petit froid sec qui mettait de la vapeur devant les lèvres et vous gelait le bout des doigts. Maigret n'en était pas moins resté debout sur la plate-forme de l'autobus et tantôt il grognait, tantôt il souriait malgré lui, en lisant le journal du matin.

Il était en avance. Sa montre marquait à peine huit heures et demie quand il pénétra dans le bureau des inspecteurs au moment précis où Janvier, assis sur une table, essayait d'en descendre en cachant le journal qu'il lisait à voix haute.

Ils étaient là cinq ou six, surtout des jeunes ; ils attendaient que Lucas leur assigne leur tâche de la journée. Ils évitaient de regarder le commissaire et certains, en l'observant à la dérobée, avaient peine à garder leur sérieux.

Ils ne pouvaient pas savoir que l'article l'avait amusé autant qu'eux et que c'était pour leur faire plaisir, parce qu'ils s'attendaient à cela, qu'il prenait son air bourru.

Un titre s'étalait sur trois colonnes, en première page :

La Mésaventure de Mme Maigret.

L'aventure arrivée la veille à la femme du commissaire, place d'Anvers, était racontée dans ses moindres détails et il n'y manquait qu'une photographie de Mme Maigret elle-même, avec le garçonnet dont on l'avait si cavalièrement chargée.

Il poussa la porte de Lucas, qui avait lu l'article, lui aussi, et qui avait ses raisons de prendre la chose plus sérieusement.

— J'espère que vous n'avez pas pensé que cela vient de moi ? J'ai été stupéfait, ce matin, en ouvrant le journal. En effet, je n'ai parlé à aucun reporter. Hier, peu de temps après notre conversation, j'ai téléphoné à Lamballe, au 9e arrondissement, à qui j'ai bien dû raconter l'histoire, mais sans citer votre femme, en le chargeant de rechercher le taxi. A propos, il vient de me téléphoner qu'il a déjà trouvé le chauffeur, par le plus grand des hasards. Il vous l'envoie. L'homme sera ici dans quelques minutes.

— Y avait-il quelqu'un dans ton bureau quand tu as appelé Lamballe ?

— Probablement. Il y a toujours quelqu'un. Et sans doute la porte du bureau des inspecteurs était-elle ouverte. Mais qui ? Cela m'effraie de penser qu'il y a une fuite, ici même.

— Je m'en doutais hier. Une fuite s'est déjà produite le 21 février, car, quand tu es allé rue de Turenne pour perquisitionner chez le relieur, Philippe Liotard avait été averti.

— Par qui ?

— Je ne sais pas. Cela ne peut être que par quelqu'un de la Maison.

— C'est pour cela qu'à mon arrivée la valise avait disparu ?

— Plus que probablement.

— Dans ce cas, pourquoi n'ont-ils pas sauvé aussi le complet aux taches de sang ?

— Peut-être n'y ont-ils pas pensé, ou se sont-ils dit qu'on ne déterminerait pas la nature des taches ? Peut-être n'ont-ils pas eu le temps ?

— Vous voulez que je questionne les inspecteurs, patron ?

— Je m'en chargerai.

Lucas n'avait pas fini de dépouiller son courrier entassé sur la longue table qu'il avait adoptée comme bureau.

— Rien d'intéressant ?

— Je ne sais pas encore. Il faut que je fasse vérifier. Plusieurs tuyaux au sujet de la valise, justement. Une lettre anonyme dit simplement qu'elle n'a pas quitté la rue de Turenne et que nous devons être aveugles pour ne pas la trouver. Une autre prétend que le nœud de l'affaire est à Concarneau. Une lettre de cinq pages, écrite serrée, expose à grand renfort de raisonnements que c'est le gouvernement qui a monté l'affaire de toutes pièces pour détourner l'attention du coût de la vie.

Maigret passa dans son bureau, retira son chapeau et son pardessus, bourra de charbon, malgré la douceur du temps, le seul poêle encore existant au quai des Orfèvres et qu'il avait eu tant de mal à conserver lorsqu'on avait installé le chauffage central.

Entrouvrant la porte des inspecteurs, il appela le petit Lapointe qui venait d'arriver.

— Assieds-toi.

Il referma la porte avec soin, répéta au jeune homme de s'asseoir et tourna deux ou trois fois autour de lui en lui jetant des coups d'œil curieux.

— Tu es ambitieux ?

— Oui, monsieur le commissaire. Je voudrais faire une carrière comme la vôtre. C'est même de la prétention que cela s'appelle, n'est-ce pas ?

— Tes parents ont de l'argent ?

— Non. Mon père est employé de banque, à Meulan, il a eu du mal à nous élever convenablement, mes sœurs et moi.

— Tu es amoureux ?

Il ne rougit pas, ne se troubla pas.

— Non. Pas encore. J'ai le temps. Je n'ai que vingt-quatre ans et ne veux pas me marier avant d'avoir assuré ma situation.

— Tu vis seul en meublé ?

— Heureusement, non. Ma plus jeune sœur, Germaine, est à Paris aussi. Elle travaille dans une maison d'édition de la rive gauche. Nous vivons ensemble et, le soir, elle trouve le temps de nous faire la cuisine, cela fait une économie.

— Elle a un amoureux ?

— Elle n'a que dix-huit ans.

— Quand tu es allé rue de Turenne, la première fois, es-tu revenu ici tout de suite ?

Il rougit soudain, hésita un bon moment avant de répondre.

— Non, avoua-t-il enfin. J'étais tellement fier et heureux d'avoir découvert quelque chose que je me suis payé un taxi et que je suis passé par la rue du Bac pour mettre Germaine au courant.

— C'est bien, mon petit. Merci.

Lapointe, troublé, inquiet, hésitait à s'en aller.

— Pourquoi m'avez-vous demandé cela?

— C'est moi qui interroge, n'est-ce pas? Plus tard, peut-être poseras-tu des questions à ton tour. Tu te trouvais hier dans le bureau du brigadier Lucas quand il a téléphoné au 9e arrondissement?

— J'étais dans le bureau voisin et la porte de communication était ouverte.

— A quelle heure as-tu parlé à ta sœur?

— Comment le savez-vous?

— Réponds.

— Elle finit à cinq heures. Elle m'a attendu, comme cela lui arrive souvent, au *Bar de la Grosse Horloge*, et nous avons pris l'apéritif ensemble avant de rentrer.

— Tu ne l'as pas quittée de la soirée?

— Elle est allée au cinéma avec une amie.

— Tu as vu l'amie?

— Non. Mais je la connais.

— C'est tout. Va.

Il aurait voulu s'expliquer, mais on venait annoncer au commissaire qu'un chauffeur de taxi demandait à le voir. C'était un gros homme sanguin, d'une cinquantaine d'années, qui avait dû être cocher de fiacre dans son jeune temps et qui, à en juger par son haleine, avait certainement bu quelques vins blancs pour tuer le ver avant de venir.

— L'inspecteur Lamballe m'a dit de venir vous voir au sujet de la petite dame.

— Comment a-t-il appris que c'est toi qui l'as conduite?

— Je stationne d'habitude place Pigalle et il est venu me parler hier soir, comme il parlait à tous les collègues. C'est moi qui l'ai chargée.

— A quelle heure? Où?

— Il devait être dans les environs d'une heure. Je finissais de manger, dans un restaurant de la rue Lepic. Ma voiture était à la porte. J'ai vu un couple sortir de l'hôtel d'en face, et la femme s'est tout de suite précipitée vers mon taxi. Elle a paru déçue quand elle a vu le chapeau noir sur le drapeau. Comme j'en étais au pousse-café, je me suis levé et, à travers la rue, je lui ai crié d'attendre.

— Comment était son compagnon ?

— Un petit gros, très bien habillé, l'air d'un étranger. Entre quarante et cinquante ans, je ne sais pas au juste. Je ne l'ai pas beaucoup regardé. Il était tourné vers elle et lui parlait dans une langue étrangère.

— Quelle langue ?

— Je ne sais pas. Je suis de Pantin et n'ai jamais pu m'y reconnaître dans les jargons.

— Quelle adresse a-t-elle donné ?

— Elle était nerveuse, impatiente. Elle m'a demandé de passer d'abord place d'Anvers et de ralentir. Elle regardait par la portière.

» — Arrêtez-vous un moment, m'a-t-elle recommandé alors, et repartez aussitôt que je vous le dirai.

» Elle adressait des signes à quelqu'un. Une grosse « mémère » avec un petit garçon s'est approchée. La dame a ouvert la portière, a fait monter le gamin et m'a donné l'ordre de repartir.

— Cela ne vous a pas eu l'air d'un enlèvement ?

— Non, car elle a parlé à la dame. Pas longtemps. Juste quelques mots. Et celle-ci avait plutôt l'air soulagé.

— Où avez-vous conduit la mère et l'enfant ?

— D'abord à la porte de Neuilly. Là, elle s'est

ravisée et m'a prié d'aller à la gare Saint-Lazare.

— Elle y est descendue ?

— Non. Elle m'a arrêté place Saint-Augustin. Grâce à ce que j'ai été pris ensuite dans un embarras de voiture, j'ai vu, dans mon rétroviseur, qu'elle hélait un autre taxi, un de « l'Urbaine », dont je n'ai pas eu le temps de relever le numéro.

— Vous aviez envie de le faire ?

— Par habitude. Elle était vraiment surexcitée. Et ce n'est pas naturel, après m'avoir promené à la porte de Neuilly, de m'arrêter place Saint-Augustin pour monter dans une autre voiture.

— Elle a parlé à l'enfant, en route ?

— Deux ou trois phrases, pour le faire tenir tranquille. Il y a une récompense ?

— Peut-être. Je ne sais pas encore.

— C'est que j'ai perdu ma matinée.

Maigret lui tendit un billet et, quelques minutes plus tard, il poussait la porte du « bureau du directeur de la P. J., où le « rapport » avait commencé. Les chefs de service étaient là, autour du grand bureau d'acajou, à parler tranquillement des affaires en cours.

— Et vous, Maigret ? Votre Steuvels ?

A leurs sourires, on voyait qu'ils avaient tous lu l'article du matin ; à nouveau, et, toujours pour faire plaisir, il se montra grognon.

Il était neuf heures et demie. La sonnerie du téléphone retentissait, le directeur répondait, tendait l'écouteur à Maigret.

— Torrence veut vous parler.

La voix de Torrence, à l'autre bout du fil, était excitée.

— C'est vous, patron ? Vous n'avez pas retrouvé la dame en chapeau blanc ? Le journal de Paris vient d'arriver et j'ai lu l'article. Or la description correspond à quelqu'un dont j'ai retrouvé la trace ici.

— Raconte!

— Comme il n'y a rien moyen de tirer de cette dinde de postière, qui prétend n'avoir pas de mémoire, je me suis mis à chercher dans les hôtels, dans les meublés, à questionner les garagistes et les employés de la gare.

— Je sais.

— Nous ne sommes pas en saison et la plupart des gens qui débarquent à Concarneau sont des habitants de la région ou des personnes qu'on connaît plus ou moins, des voyageurs de commerce, des...

— Abrège.

Car la conversation s'était interrompue autour de lui.

— Je me suis dit que, si quelqu'un était venu de Paris ou d'ailleurs pour expédier le télégramme...

— Figure-toi que j'ai déjà compris.

— Eh bien! il y a une petite dame en tailleur bleu et en chapeau blanc qui est arrivée le soir même où le télégramme a été expédié. Elle a débarqué du train à quatre heures et la dépêche à été déposée à cinq heures moins le quart.

— Elle avait des bagages?

— Non. Attendez. Elle n'est pas descendue à l'hôtel. Vous connaissez l'*Hôtel du Chien Jaune*, au bout du quai? Elle y a dîné et est ensuite restée assise dans un coin de la salle du café jusqu'à onze heures. Autrement dit, elle a repris le train de onze heures quarante.

— Tu t'en es assuré?

— Je n'en ai pas encore eu le temps, mais j'en suis sûr, car elle a quitté le café juste à point, et elle avait réclamé l'indicateur des chemins de fer tout de suite après son dîner.

— Elle n'a parlé à personne ?

— Seulement à la serveuse. Elle a lu sans arrêt, même en mangeant.

— Tu n'as pas pu apprendre quelle sorte de livre elle lisait ?

— Non. La serveuse prétend qu'elle a un accent, mais ne sait pas lequel. Qu'est-ce que je fais ?

— Tu revois la postière, évidemment.

— Ensuite ?

— Tu me téléphones ou tu téléphones à Lucas si je ne suis pas au bureau, puis tu reviens.

— Bien, patron. Vous croyez aussi que c'est elle ?

En raccrochant, Maigret avait une petite lueur de gaieté dans les yeux.

— C'est peut-être Mme Maigret qui va nous mettre sur la piste, dit-il. Vous permettez, patron ? J'ai quelques vérifications à faire d'urgence, moi-même.

Lapointe, par chance, était encore dans le bureau des inspecteurs, visiblement inquiet.

— Viens avec moi, toi !

Ils prirent un des taxis qui stationnaient sur le quai, et le jeune Lapointe n'était toujours pas rassuré, car c'était la première fois que le commissaire l'emmenait de la sorte.

— Au coin de la place Blanche et de la rue Lepic.

C'était l'heure où, à Montmartre, et rue Lepic en particulier, les voitures des quatre-saisons encombraient les bords des trottoirs avec leurs monceaux de légumes et de fruits qui sentaient bon la terre et le printemps.

Maigret reconnut, à gauche, le petit restaurant à prix fixe où le chauffeur avait déjeuné et, en face, l'*Hôtel Beauséjour*, dont on ne voyait que la porte étroite entre deux boutiques, une charcuterie et une épicerie.

Chambres au mois, à la semaine et à la journée. Eau courante. Chauffage central. Prix modérés.

Il y avait une porte vitrée au fond du corridor, puis un escalier flanqué d'un écriteau : *Bureau.* Une main peinte en noir pointait vers le haut des marches.

Le bureau était à l'entresol, une pièce étroite qui donnait sur la rue et où des clefs pendaient à un tableau.

— Quelqu'un ! appela-t-il.

L'odeur lui rappelait l'époque où, à peu près à l'âge de Lapointe, il faisait partie de la brigade des garnis et passait ses journées à aller de meublé en meublé. Cela sentait à la fois la lessive et la sueur, les lits pas faits, les seaux de toilette et la cuisine réchauffée sur une lampe à alcool.

Une femme rousse, débraillée, se pencha sur la rampe.

— Qu'est-ce que c'est ?

Puis, tout de suite, comprenant que c'était la police, elle annonça, revêche :

— Je viens !

Elle fut un certain temps encore à marcher là-haut, à remuer des seaux et des brosses ; enfin on la vit parraître, boutonnant son corsage sur une poitrine débordante. De près, on découvrait que ses cheveux étaient presque blancs à la racine.

— Qu'est-ce qu'il y a ? J'ai encore été vérifiée hier et je n'ai que des locataires tranquilles. Vous n'être pas des « garnis », n'est-ce pas ?

Sans répondre, il lui décrivit, autant que le témoignage du chauffeur le lui permettait, le compagnon de la dame au chapeau blanc.

— Vous le connaissez ?

— Peut-être. Je ne suis pas sûre. Comment s'appelle-t-il ?

— C'est justement ce que je désirerais savoir.

— Vous voulez voir mon livre ?

— Je veux d'abord que vous me disiez si vous avez un client qui lui ressemble.

— Je ne vois que M. Levine.

— Qui est-ce ?

— Je ne sais pas. Quelqu'un de bien, en tout cas, qui a payé une semaine d'avance.

— Il est toujours ici ?

— Non. Il est parti hier.

— Seul ?

— Avec le gamin, bien entendu.

— Et la dame ?

— Vous voulez dire la nurse ?

— Un instant. Nous allons commencer par le commencement et cela nous fera gagner du temps.

— Cela vaudra mieux, car je n'en ai pas à revendre. Qu'est-ce qu'il a fait, M. Levine ?

— Répondez à mes questions, voulez-vous ? Quand est-il arrivé ?

— Il y a quatre jours. Vous pouvez vérifier dans mon livre. Je lui ai dit que je n'avais pas de chambre et c'était vrai. Il a insisté. Je lui ai demandé pour combien de temps c'était et il a répondu qu'il payerait une semaine d'avance.

— Comment avez-vous pu le loger, si vous n'aviez pas de chambre ?

Maigret connaissait la réponse, mais il voulait la lui faire dire. Dans ces hôtels-là, on réserve le plus souvent les chambres du premier étage pour les couples de rencontre, qui montent pour un moment ou pour une heure.

— Il y a toujours les chambres du « casuel », répondit-elle, employant le terme consacré.

— L'enfant était avec lui ?

— Pas à ce moment-là. Il est allé le chercher et est revenu avec lui une heure plus tard. Je lui ai demandé comment il allait s'y prendre avec un enfant si jeune et il m'a appris qu'une nurse qu'il connaissait s'en chargerait la plus grande partie de la journée.

— Il vous a montré son passeport, sa carte d'identité ?

Elle aurait dû, selon les règlements, réclamer ces documents, mais elle n'était évidemment pas en règle.

— Il a rempli lui-même sa fiche. J'ai vu tout de suite que c'était un homme comme il faut. Vous allez me faire des histoires pour ça ?

— Pas nécessairement. Comment la nurse était-elle habillée ?

— En tailleur bleu.

— Avec un chapeau blanc ?

— Oui. Elle venait le matin donner le bain du petit, puis sortait avec lui.

— Et M. Levine ?

— Il traînait dans sa chambre jusqu'à onze heures ou midi. Je crois qu'il se recouchait. Puis il sortait et je ne le revoyais pas de la journée.

— L'enfant ?

— Non plus. Guère avant sept heures du soir. C'était elle qui le ramenait et qui le couchait. Elle s'étendait tout habillée sur le lit en attendant que M. Levine rentre.

— A quelle heure rentrait-il ?

— Pas avant une heure du matin.

— Elle repartait alors ?

— Oui.

— Vous ne savez pas où elle habitait ?

— Non. Je sais seulement, parce que je l'ai vu, qu'elle prenait un taxi en sortant.

— Elle était intime avec votre locataire ?

— Vous voulez savoir s'ils couchaient ensemble ? Je n'en suis pas sûre. D'après certains indices, je pense que c'est arrivé. C'est leur droit, n'est-ce pas ?

— Quelle nationalité M. Levine a-t-il inscrite sur sa fiche ?

— Français. Il m'a dit qu'il était en France depuis longtemps et naturalisé.

— D'où venait-il ?

— Je ne m'en souviens pas. Votre collègue des garnis a emporté les fiches hier, comme tous les mardis. De Bordeaux, si je ne me trompe.

— Que s'est-il passé hier à midi ?

— A midi, je ne sais pas.

— Dans la matinée ?

— Quelqu'un est venu le demander vers dix heures. La dame et le gamin étaient partis depuis un bon moment.

— Qui est venu ?

— Je ne lui ai pas demandé son nom. Un bonhomme pas très bien habillé, pas reluisant.

— Français ?

— Sûrement. Je lui aì dit le numéro de la chambre.

— Il n'était jamais venu ?

— Il n'était jamais venu personne, sauf la nurse.

— Il n'avait pas l'accent du Midi ?

— Plutôt l'accent parisien. Vous savez, un de ces types qui vous arrêtent sur les boulevards pour vous vendre des cartes postales transparentes ou pour vous conduire je sais bien où.

— Il est resté longtemps ?

— C'est-à-dire qu'il est resté tout seul pendant que M. Levine s'en allait.

— Avec ses bagages ?

— Comment le savez-vous ? Cela m'a étonnée de le voir emporter ses bagages.

— Il en avait beaucoup ?

— Quatre valises.

— Brunes ?

— Presque toutes les valises sont brunes, non ? En tout cas, c'était de la bonne qualité et il y en avait au moins deux en vrai cuir.

— Que vous a-t-il dit ?

— Qu'il devait partir précipitamment, qu'il quittait Paris le jour même, mais qu'il allait revenir dans un moment pour prendre les affaires de l'enfant.

— Combien de temps après est-il revenu ?

— Environ une heure. La dame l'accompagnait.

— Cela ne vous a pas étonnée de ne pas voir le gamin ?

— Vous savez cela aussi ?

Elle devenait plus prudente, car elle commençait à se douter que l'affaire était d'importance, que la police en savait plus long que Maigret ne voulait lui dire.

— Ils sont restés un bon moment tous les trois dans la chambre et ils parlaient assez fort.

— Comme s'ils se disputaient ?

— En tout cas comme s'ils discutaient.

— En français ?

— Non.

— Le Parisien prenait part à la conversation ?

— Peu. Il est d'ailleurs sorti le premier, et je ne l'ai pas revu. Puis M. Levine et la dame sont partis à leur tour. Comme j'étais sur leur chemin il m'a remerciée et m'a annoncé qu'il comptait revenir dans quelques jours.

— Cela ne vous a pas paru étrange ?

— Si vous teniez depuis dix-huit ans un hôtel comme celui-ci, plus rien ne vous paraîtrait étrange.

— C'est vous qui avez fait leur chambre, après ?

— J'y suis allée avec la bonne.

— Vous n'avez rien trouvé ?

— Des bouts de cigarettes partout. Il en fumait plus de cinquante par jour. Des américaines. Puis des journaux. Il achetait presque tous les journaux qui paraissent à Paris.

— Pas de journaux étrangers ?

— Non. J'y ai pensé.

— Vous étiez donc intriguée ?

— On aime toujours savoir.

— Quoi d'autre ?

— Des saletés, comme d'habitude, un peigne cassé, du linge déchiré...

— Avec des initiales.

— Non. C'était du linge de gamin.

— Du linge fin?

— Assez fin, oui. Plus fin que je n'ai l'habitude d'en voir ici.

— Je reviendrai vous voir.

— Pourquoi?

— Parce que des détails qui vous échappent à présent vous reviendront certainement à la réflexion. Vous avez toujours été en bons termes avec la police? Les « garnis » ne vous font pas trop d'ennuis?

— J'ai compris. Mais je ne sais rien d'autre.

— Au revoir.

Ils se retrouvèrent, Lapointe et lui, sur le trottoir ensoleillé, au milieu du brouhaha.

— Un petit apéritif? proposa le commissaire.

— Je ne bois jamais.

— Cela vaut mieux. Tu as réfléchi, depuis tout à l'heure?

Le jeune homme comprit que ce n'était pas de ce qu'ils venaient d'apprendre à l'hôtel qu'il s'agissait.

— Oui.

— Et alors?

— Je lui parlerai ce soir.

— Tu sais qui c'est?

— J'ai un camarade qui est reporter, justement dans le journal où a paru l'article de ce matin, mais je ne l'ai pas vu hier. Je ne lui parle d'ailleurs jamais de ce qui se passe au Quai et il me taquine volontiers là-dessus.

— Ta sœur le connaît?

— Oui. Je ne croyais pas qu'ils sortaient ensemble. Si je l'apprends à mon père, il la fera revenir à Meulan.

— Comment s'appelle le reporter?

— Bizard, Antoine Bizard. Il est seul à Paris aussi. Sa famille vit en Corrèze. Il a deux ans de moins que moi et il signe déjà certains de ses articles.

— Tu vois ta sœur à l'heure de midi ?

— Cela dépend. Quand je suis libre et que je ne me trouve pas trop loin de la rue du Bac, je vais déjeuner avec elle dans une crémerie, près de son bureau.

— Vas-y aujourd'hui. Raconte lui ce que nous avons appris ce matin.

— Je dois ?

— Oui.

— Et si elle le répète encore ?

— Elle le répétera.

— C'est ce que vous voulez ?

— Va. Surtout, sois gentil avec elle. N'aie pas l'air de la soupçonner.

— Je ne peux cependant pas la laisser sortir avec un jeune homme. Mon père m'a bien recommandé...

— Va.

Maigret, par plaisir, descendit à pied la rue Notre-Dame-de-Lorette et ne prit un taxi qu'au faubourg Montmartre, après être entré dans une brasserie pour avaler un demi.

— Au quai des Orfèvres.

Puis il se ravisa, frappa à la vitre.

— Passez donc par la rue de Turenne.

Il vit la boutique de Steuvels dont la porte était fermée, car Fernande devait être, comme chaque matin, en route pour la Santé, avec ses casseroles emboîtées.

— Arrêtez-vous un instant.

Janvier était au bar du *Grand Turenne* et, le

reconnaissant, lui adressa un clin d'œil. De quelle nouvelle vérification Lucas l'avait-il chargé? Il était en grande conversation avec le cordonnier et deux plâtriers en blouse blanche, et on reconnaissait de loin la couleur laiteuse des pernods.

— Tournez à gauche. Prenez par la place des Vosges et la rue de Birague.

Cela le faisait passer devant le *Tabac des Vosges*, où Alfonsi était attablé seul à un guéridon, près de la vitre.

— Vous descendez?

— Oui. Attendez-moi un instant.

C'est au *Grand Turenne* qu'il entra, en fin de compte, pour dire deux mots à Janvier.

— Alfonsi est en face. Tu y as vu des journalistes, ce matin?

— Deux ou trois.

— Tu les connais?

— Pas tous.

— Tu es occupé pour longtemps?

— Rien de bien grave. Et si vous avez autre chose à me faire faire, je suis libre. Je voulais parler au cordonnier.

Ils s'étaient suffisamment éloignés du groupe et s'entretenaient à voix basse.

— Une idée qui m'est venue tout à l'heure, après avoir lu l'article. Évidemment, le bonhomme parle beaucoup. Il tient à être un personnage important et il en inventerait au besoin. Sans compter que, chaque fois qu'il a quelque chose à dire, cela lui rapporte des petits verres. Comme il habite juste en face de l'atelier de Steuvels et que, lui aussi, travaille à sa fenêtre, je lui ai demandé si des femmes venaient parfois voir le relieur.

— Qu'a-t-il répondu?

— Pas beaucoup. Il se rappelle surtout une vieille dame ; elle doit être riche et vient en limousine, avec un chauffeur en livrée qui dépose ses livres, puis, il y a un mois environ, une petite dame très élégante, en manteau de vison. Attendez! J'ai insisté pour savoir si elle n'était venue qu'une fois. Il prétend que non, qu'elle est revenue il y a environ deux semaines, en tailleur bleu, avec un chapeau blanc. C'était un jour où il faisait très beau et où, paraît-il, il y avait dans le journal un article sur le marronnier du boulevard Saint-Germain.

— Cela se retrouve.

— C'est ce que j'ai pensé.

— Elle est donc descendue dans le sous-sol?

— Non. Mais je me méfie un peu. Il a lu l'article aussi, c'est évident, et il est fort possible qu'il invente pour se rendre intéressant. Qu'est-ce que vous voulez que je fasse?

— Tenir Alfonsi à l'œil. Ne le lâche pas de la journée. Tu établiras une liste des personnes à qui il adressera la parole.

— Il ne doit pas savoir que je le surveille?

— Peu importe s'il le sait.

— Et s'il me parle?

— Tu lui répondras.

Maigret sortit avec l'odeur du pernod dans les narines et son taxi le déposa au Quai, où il trouva Lucas occupé à déjeuner de sandwiches. Il y avait deux verres de bière sur le bureau et le commissaire en prit un sans vergogne.

— Torrence vient de téléphoner. La postière croit se souvenir d'une cliente en chapeau blanc, mais elle ne peut affirmer que c'est elle qui a déposé le télégramme. D'après Torrence, même si elle avait une certitude, elle ne le dirait pas.

— Il revient ?

— Il sera à Paris cette nuit.

— Appelle l'« Urbaine », veux-tu ? Il y a un nouveau taxi à retrouver, peut-être deux ?

Est-ce que Mme Maigret, qui avait encore rendez-vous chez son dentiste, était partie en avance, comme les autres jours, pour passer quelques minutes sur le banc du square d'Anvers ?

Maigret ne rentra pas déjeuner boulevard Richard-Lenoir. Les sandwiches de Lucas le tentaient et il en fit monter pour lui aussi de la *Brasserie Dauphine*.

D'habitude, c'était bon signe.

CHAPITRE

4

L'AVENTURE DE FERNANDE

LE JEUNE LAPOINTE, les yeux rouges et la mine défaite comme quelqu'un qui aurait dormi sur le banc d'une salle d'attente de troisième classe, avait jeté à Maigret un tel regard de détresse, quand celui-ci était entré dans le bureau des inspecteurs, que le commissaire l'avait tout de suite entraîné dans le sien.

— Toute l'histoire de l'*Hôtel Beauséjour* est dans le journal, dit lugubrement le jeune homme.

— Tant mieux! J'aurais été déçu qu'elle n'y soit pas.

Alors Maigret l'avait fait exprès de lui parler comme à un ancien, à un Lucas ou à un Torrence, par exemple.

— Voilà des gens dont nous ne savons à peu près rien, pas même s'ils ont réellement joué un rôle dans l'affaire. Il y a une femme, un petit garçon, un homme assez corpulent et un autre qui marque plutôt mal. Sont-ils encore à Paris? Nous l'ignorons. S'ils y sont, ils se sont probablement séparés. Que la femme retire son chapeau blanc, se sépare de l'enfant, et nous ne la reconnaissons plus. Tu me suis!

— Oui, monsieur le commissaire. Je crois que je comprends. C'est quand même dur de penser que ma sœur est allée retrouver ce garçon-là hier soir encore.

— Tu t'occuperas plus tard de ta sœur. A présent, tu travailles avec moi. L'article de ce matin va leur faire peur. De deux choses l'une : ou ils vont rester dans leur trou, s'ils en ont un, ou ils chercheront un abri plus sûr. De toute façon, notre seule chance est qu'ils fassent quelque chose pour se trahir.

— Oui.

Le juge Dossin téléphonait au même moment pour s'étonner des révélations du journal, et Maigret recommençait son raisonnement.

— Tout le monde est alerté, monsieur le juge, les gares, les aéroports, les garnis, la police de la route. Moers, là-haut, à l'Identité judiciaire, est en train de me chercher les photos qui pourraient correspondre à nos gens. On questionne les chauffeurs de taxi et, pour le cas où nos lascars auraient une voiture, les garagistes.

— Vous avez l'impression que cela a un rapport avec l'affaire Steuvels?

— C'est une piste, après tant d'autres qui ne nous ont menés nulle part.

— J'ai convoqué Steuvels pour ce matin, à onze heures. Son avocat sera ici, comme d'habitude, car il ne me laisse pas échanger deux mots en dehors de sa présence.

— M'autorisez-vous à monter un moment pendant votre interrogatoire?

— Liotard protestera, mais montez quand

même. Que cela n'ait pas l'air prémédité.

Chose curieuse, Maigret n'avait encore jamais rencontré ce Liotard qui était devenu, dans la presse tout au moins, quelque chose comme son ennemi particulier.

Ce matin encore, tous les journaux publiaient un commentaire du jeune avocat sur les derniers rebondissements de l'affaire.

« Maigret est un policier de la vieille école, de l'époque où ces messieurs du Quai des Orfèvres pouvaient à leur gré passer un homme à tabac jusqu'à ce que la lassitude le fasse avouer, le garder à leur disposition pendant des semaines, fouiller sans vergogne dans la vie privée des gens, et où toutes les ruses étaient considérées comme de bonne guerre.

» Il est seul à ne pas se rendre compte que ces ruses-là, aujourd'hui, ne sont plus, pour un public averti, que de grosses ficelles.

» De quoi s'agit-il, en définitive ?

» Il s'est laissé gourer par une lettre anonyme, œuvre d'un farceur. Il a fait enfermer un honnête homme et, depuis, est incapable d'émettre une charge sérieuse contre lui.

» Il s'obstine. Plutôt que de s'avouer battu, il essaie de gagner du temps, amuse la galerie, appelle Mme Maigret à la rescousse, sert au public des tranches de roman populaire.

» Croyez-moi, messieurs, Maigret est un homme qui date ! »

— Reste avec moi, petit, disait le commissaire au jeune Lapointe. Seulement, le soir, avant de me quitter, tu me demanderas ce que tu peux raconter à ta sœur, n'est-ce pas ?

— Je ne lui dirai plus rien.

— Tu lui diras ce que je te prierai de lui dire.

Et Lapointe lui servait désormais d'officier d'ordonnance. Ce n'était pas inutile, car la P. J. ressemblait de plus en plus à un quartier général.

Le bureau de Lucas, le *Grand Turenne*, en restait le P. C. et des estafettes y venaient de tous les étages. En bas, aux garnis, ils étaient plusieurs à compulser les fiches des hôtels, à la recherche d'un Levine ou de n'importe quoi pouvant se rapporter au trio et à l'enfant.

La nuit précédente, dans la plupart des meublés, les locataires avaient eu la désagréable surprise d'être réveillés par la police, qui avait épluché leurs pièces d'identité, ce qui avait valu à une cinquantaine d'hommes et de femmes qui n'étaient pas en règle de finir la nuit au Dépôt, où ils faisaient maintenant la queue pour passer à l'anthropométrie.

Dans les gares, les voyageurs étaient examinés à leur insu et, deux heures après la parution du journal, les coups de téléphone commençaient, bientôt si nombreux que Lucas dut affecter un inspecteur à ce travail.

Des gens avaient vu le gamin partout, dans les coins les plus divers de Paris et de la banlieue, les uns avec la dame au chapeau blanc, d'autres avec le monsieur à l'accent étranger.

Des passants se précipitaient soudain vers un sergent de ville.

— Venez vite! L'enfant est au coin de la rue.

Tout était vérifié, tout devait être vérifié si on ne voulait laisser passer aucune chance. Trois inspecteurs étaient partis à la première heure pour interroger les garagistes.

Et, toute la nuit, les hommes de la Mondaine

s'étaient occupés de l'affaire, eux aussi. La tenancière du *Beauséjour* n'avait-elle pas dit que son locataire ne rentrait guère, d'habitude, avant une heure du matin ?

Il s'agissait de savoir si c'était un habitué des boîtes de nuit, de questionner les barmen, les entraîneuses.

Maigret, après avoir assisté au « rapport » dans le bureau du chef, allait et venait, presque toujours flanqué de Lapointe, à travers tout le bâtiment descendant aux garnis, montant voir Moers à l'Identité judiciaire, écoutant ici un coup de téléphone, là une déposition.

Il était un peu plus de dix heures quand un chauffeur de l' « Urbaine » téléphona. Il n'avait pas appelé plus tôt parce qu'il avait fait un voyage hors ville, à Dreux, pour conduire une vieille dame malade qui ne voulait pas prendre le train.

C'était lui qui avait embarqué la jeune dame et le petit garçon place Saint-Augustin, il s'en souvenait parfaitement.

— Où les avez-vous conduits ?

— Au coin de la rue Montmartre et des Grands Boulevards.

— Y avait-il quelqu'un qui les attendait ?

— Je n'ai remarqué personne.

— Vous ne savez pas de quel côté ils se sont dirigés ?

— Je les ai tout de suite perdus de vue dans la foule.

On comptait plusieurs hôtels dans les environs.

— Appelle à nouveau les garnis ! dit Maigret à Lapointe. Qu'on passe au tamis le secteur qui entoure le carrefour Montmartre. Comprends-tu maintenant que, s'ils ne s'affolent pas, s'ils ne bougent pas, nous n'avons aucune chance de les trouver ?

Torrence, rentré de Concarneau, était allé faire un tour rue de Turenne, pour se remettre dans l'ambiance, comme il disait.

Quant à Janvier, il avait envoyé son rapport de filature et restait sur les talons d'Alfonsi.

Celui-ci, la veille, avait rejoint Philippe Liotard dans un restaurant de la rue Richelieu où ils avaient fait un bon dîner, en bavardant tranquillement. Deux femmes les avaient rejoints ensuite, qui ne ressemblaient en rien à la petite dame au chapeau blanc. L'une était la secrétaire de l'avocat, une grande blonde aux allures de *starlet* de cinéma. L'autre était partie avec Alfonsi.

Ils étaient allés tous les deux au cinéma, près de l'Opéra, puis dans un cabaret de la rue Blanche où ils étaient restés jusqu'à deux heures du matin.

Après quoi, l'ex-inspecteur avait emmené sa compagne à l'hôtel où il habitait, rue de Douai.

Janvier avait pris une chambre au même hôtel. Il venait de téléphoner :

— Ils ne sont pas levés. J'attends.

Un peu avant onze heures, Lapointe devait découvrir, en suivant Maigret, des locaux qu'il ne connaissait pas, au rez-de-chaussée du Quai des Orfèvres. Ils avaient longé un corridor désert dont les fenêtres donnaient sur la cour et, à un tournant, Maigret s'était arrêté, faisant signe au jeune homme de se taire.

Une voiture cellulaire, passant sous la voûte du Dépôt, pénétrait dans la cour. Trois ou quatre gendarmes attendaient en fumant leur cigarette. Deux autres descendaient du panier à salade d'où ils faisaient d'abord sortir une grande brute au front bas, menottes aux poignets. Maigret ne le connaissait pas. Celui-là n'était pas passé par chez lui.

Puis ce fut le tour d'une vieille femme à l'air fragile qui aurait pu être chaisière dans une église mais qu'il avait arrêtée au moins vingt fois pour vol à la tire. Elle suivait son gendarme en habituée, trottant menu dans ses jupes trop larges, se dirigeant d'elle-même vers le quartier des juges d'instruction.

Le soleil était clair, l'air bleuté dans les pans d'ombre, avec des bouffées de printemps, quelques mouches déjà écloses qui bourdonnaient.

On vit la tête rousse de Frans Steuvels, sans chapeau ni casquette ; son complet était un peu fripé. Il s'arrêta, comme surpris par le soleil, et on devinait que ses yeux se fermaient à demi derrière ses grosses lunettes.

On lui avait passé les menottes, comme à la brute : règlement strictement observé, depuis que plusieurs prévenus s'étaient échappés dans cette même cour, le dernier en date par les couloirs du Palais de Justice.

Avec son dos rond, sa silhouette molle, Steuvels était bien le type de ces artisans intellectuels qui lisent tout ce qui leur tombe sous la main et n'ont aucune autre passion en dehors de leur travail.

Un des gardes lui tendit une cigarette allumée et il remercia, en tira quelques bouffées avec satisfaction, s'emplissant les poumons d'air et de tabac.

Il devait être docile, car on se montrait gentil avec lui, on lui donnait le temps de se détendre avant de le conduire vers les bâtiments et, de son côté, il ne paraissait pas en vouloir à ses gardiens, ne manifestait aucune rancœur, aucune fièvre.

Il y avait un petit fond de vérité dans l'interview de Me Liotard. En d'autres temps, c'est Maigret qui, avant de remettre l'homme entre les mains du juge d'instruction, aurait mené son enquête jusqu'au bout.

Sans l'avocat, d'ailleurs, accouru dès la fin du premier interrogatoire, Maigret aurait revu Steuvels plusieurs fois, ce qui lui aurait donné l'opportunité de l'étudier.

Il le connaissait à peine, n'ayant été en tête à tête avec le relieur que pendant une dizaine ou une douzaine d'heures, alors qu'il ne savait encore rien de lui ni de l'affaire.

Rarement il avait eu devant lui un prévenu aussi calme, aussi maître de lui, sans que cela parût une attitude apprise.

Steuvels attendait les questions, la tête penchée, l'air de vouloir comprendre, et il regardait Maigret comme il aurait regardé un conférencier exposant des idées compliquées.

Puis il prenait le temps de réfléchir, parlait d'une voix douce, un peu assourdie, en phrases soignées mais sans y mettre d'affectation.

Il ne s'impatientait pas, comme la plupart des prévenus et, quand une même question revenait pour la vingtième fois, il y répondait dans les mêmes termes, avec une tranquillité remarquable.

Maigret aurait aimé le connaître davantage, mais, depuis trois semaines, l'homme ne lui appartenait plus, appartenait à Dossin qui le convoquait, avec son avocat, en moyenne deux fois par semaine.

Au fond, Steuvels devait être un timide. Le plus curieux, c'est que le juge était un timide aussi. Voyant l'initiale G. devant son nom, le commissaire s'était risqué un jour à lui demander son prénom et le long magistrat distingué avait rougi.

— Ne le répétez pas, car on m'appellerait à nouveau l'Ange, comme mes condisciples le faisaient au collège, puis plus tard à l'École de Droit. Mon prénom est Gabriel !

— Viens, maintenant, disait Maigret à Lapointe. Tu vas t'installer dans mon bureau et prendre toutes les communications en m'attendant.

Il ne monta pas immédiatement, erra un peu dans les couloirs, la pipe aux dents, les mains dans les poches, en homme qui est chez lui, serrant une main par-ci, une main par-là.

Quand il jugea que l'interrogatoire devait être en train, il gagna la section des juges d'instruction, frappa à la porte de Dossin.

— Vous permettez ?

— Entrez, monsieur le commissaire.

Un homme s'était levé, petit et mince, très mince, d'une élégance trop voulue, que Maigret reconnut tout de suite pour avoir vu récemment ses photographies dans les journaux. Il était jeune et prenait un air important pour se vieillir, affectant une assurance qui n'était pas de son âge.

Assez joli garçon, au teint mat et aux cheveux noirs, il avait de longues narines qui frémissaient parfois, et il regardait les gens dans les yeux comme s'il était décidé à leur faire baisser le regard.

— M. Maigret, probablement ?

— Moi-même, maître Liotard.

— Si c'est moi que vous cherchez, je vous verrai volontiers après l'interrogatoire.

Frans Steuvels, resté assis en face du juge, attendait. Il s'était contenté d'un coup d'œil au commissaire, puis au greffier qui, au bout du bureau, gardait la plume à la main.

— Je ne vous cherche pas particulièrement. Je cherche une chaise, figurez-vous.

Il en prit une par le dossier et s'y installa à califourchon, fumant toujours sa pipe.

— Vous comptez rester ici ?

— A moins que monsieur le juge me demande de sortir.

— Restez, Maigret.

— Je proteste. Si l'interrogatoire doit se poursuivre dans de telles conditions, je fais toutes mes réserves, car la présence d'un policier dans ce cabinet tend évidemment à impressionner mon client.

Maigret se retenait de murmurer : « Chante, Fifi ! »

Et il couvrait le jeune avocat d'un regard ironique. Celui-ci ne pensait évidemment pas un mot de ce qu'il disait. Cela faisait partie de son système. A chaque interrogatoire, jusqu'ici, il avait soulevé des incidents, pour les raisons les plus futiles ou les plus extravagantes.

— Aucun règlement n'interdit à un officier de police judiciaire d'assister à un interrogatoire. Si vous le voulez bien, nous allons donc reprendre où nous en étions.

Dossin n'en était pas moins influencé par la présence de Maigret et il fut un bon moment avant de s'y retrouver dans ses notes.

— Je vous demandais, monsieur Steuvels, si vous avez l'habitude d'acheter vos vêtements tout faits ou si vous avez un tailleur.

— Cela dépend, répondit le prévenu après réflexion.

— De quoi ?

— Je n'attache guère d'importance à l'habillement. Quand j'ai besoin d'un costume, il m'arrive de l'acheter tout fait, comme il m'est arrivé d'en faire faire.

— Par quel tailleur ?

— J'ai eu un costume il y a plusieurs années, coupé par un voisin, un Juif polonais, qui a disparu depuis. Je pense qu'il est allé en Amérique.

— C'était un complet bleu ?

— Non. Il était gris.

— Combien de temps l'avez-vous porté ?

— Deux ou trois ans. Je ne sais plus.

— Et votre complet bleu ?

— Il doit y avoir dix ans que je ne me suis pas acheté de complet bleu.

— Des voisins vous ont cependant vu en bleu il n'y a pas si longtemps.

— Ils ont dû confondre mon costume et mon pardessus.

C'était exact qu'on avait retrouvé un pardessus bleu marine dans le logement.

— Quand avez-vous acheté ce pardessus ?

— L'hiver dernier.

— N'est-ce pas improbable que vous ayez acheté un pardessus bleu si vous ne possédiez qu'un complet brun ? Les deux couleurs ne sont pas particulièrement assorties.

— Je ne suis pas coquet.

Pendant ce temps, Me Philippe Liotard regardait Maigret d'un air de défi, si fixement qu'il semblait vouloir l'hypnotiser. Puis, comme il l'aurait fait à l'audience pour impressionner les jurés, il haussa les épaules, un sourire sarcastique aux lèvres.

— Pourquoi n'avouez-vous pas que le costume trouvé dans le placard vous appartient ?

— Parce qu'il ne m'appartient pas.

— Comment expliquez-vous qu'on ait pu le déposer à cet endroit alors que vous ne quittez pour ainsi dire pas votre domicile et qu'on ne peut atteindre votre chambre qu'en traversant l'atelier ?

— Je n'explique pas.

— Parlons raisonnablement, monsieur Steuvels. Je ne vous tends aucun piège. C'est la troisième fois au moins que nous abordons ce sujet. S'il fallait vous croire, quelqu'un s'est introduit chez vous, à votre insu, pour déposer deux dents humaines dans les cendres de votre calorifère. Remarquez que ce quelqu'un a choisi le jour où votre femme était absente et que, pour qu'elle soit absente, il a fallu aller à Concarneau — ou y envoyer un compère — afin d'expédier un télégramme parlant de sa mère malade. Attendez ! Ce n'est pas tout.

» Non seulement vous étiez seul chez vous, ce qui n'arrive pratiquement jamais, mais encore vous avez fait un tel feu, ce jour-là et le lendemain, dans le calorifère, que vous avez dû vous y reprendre à cinq fois pour aller porter les cendres dans les poubelles.

» Nous avons sur ce point le témoignage de votre concierge, Mme Salazar, qui n'a aucune raison de mentir, et qui est bien placée, dans sa loge, pour suivre les allées et venues de ses locataires. Le dimanche matin vous avez effectué cinq voyages, chaque fois avec un grand seau plein de cendres.

» Elle a cru que vous aviez fait le nettoyage à fond et brûlé de vieux papiers.

» Nous avons un autre témoignage, celui de Mme Béguin, qui habite le dernier étage, et qui prétend que votre cheminée n'a pas cessé de fumer pendant la journée de dimanche. Une fumée noire, a-t-elle précisé. Elle a ouvert sa fenêtre, à un moment donné, et a remarqué une odeur désagréable.

— Est-ce que cette demoiselle Béguin, âgée de soixante-huit ans, ne passe pas, dans le quartier, pour simple d'esprit ? intervint l'avocat en écrasant sa cigarette dans le cendrier et en en choisissant une autre dans un étui d'argent. Permettez-moi aussi de vous faire remarquer que, pendant quatre jours, comme les bulletins météorologiques des 15, 16, 17 et 18 février le prouvent, la température à Paris et dans la région parisienne a été anormalement basse.

— Cela n'explique pas les dents. Cela n'explique pas non plus la présence du complet bleu dans l'armoire, ni des taches de sang qui s'y trouvent.

— Vous accusez et c'est à vous de faire la preuve. Or vous ne parvenez même pas à prouver que ce costume appartient réellement à mon client.

— Vous permettez que je pose une question, monsieur le juge ?

Celui-ci se tourna vers l'avocat, qui n'eut pas le temps de protester, car Maigret, se tournant vers le Flamand, continuait déjà :

— Quand avez-vous entendu parler pour la première fois de Me Philippe Liotard ?

L'avocat se leva pour riposter, et Maigret, impassible, poursuivait :

— Lorsque j'ai fini de vous interroger, le soir de votre arrestation, ou plutôt aux premières heures du matin, et que je vous ai demandé si vous désiriez l'assistance d'un avocat, vous m'avez répondu affirmativement et vous avez désigné Me Liotard.

— Le droit le plus strict du prévenu est de choisir l'avocat qui lui plaît, et si cette question est posée à nouveau, je me verrai obligé de saisir le Conseil de l'Ordre.

— Saisissez! Saisissez! C'est à vous que je m'adresse, Steuvels. Vous ne m'avez pas répondu.

» Il n'y aurait rien eu de surprenant à ce que vous prononciez le nom d'un maître du Barreau, d'un avocat célèbre, mais ce n'est pas le cas.

» Dans mon bureau, vous n'avez consulté aucun annuaire, vous n'avez questionné personne.

» Me Liotard n'habite pas votre quartier. Je crois bien que, jusqu'à il y a trois semaines, son nom n'avait jamais paru dans les journaux.

— Je proteste!

— Je vous en prie. Quant à vous, Steuvels, dites-moi si, le matin du 21, avant la visite de mon inspecteur, vous aviez jamais entendu parler de Me Liotard. Si oui, dites-moi quand et où.

— Ne répondez pas.

Le Flamand hésita, le dos rond, observant Maigret à travers ses grosses lunettes.

— Vous refusez de répondre? Bien. Je vous pose une autre question. Vous a-t-on téléphoné, le même 21, dans l'après-midi, pour vous parler de Me Liotard?

Frans Steuvels hésitait toujours.

— Ou, si vous préférez, avez-vous téléphoné à quelqu'un? Je vais vous remettre dans l'atmosphère de ce jour-là, qui avait commencé comme un autre jour. Il y avait du soleil et il faisait très doux, de sorte que vous n'aviez pas allumé votre calorifère. Vous étiez à votre travail, devant votre fenêtre, lorsque mon inspecteur s'est présenté et vous a demandé de visiter les locaux sous un prétexte quelconque.

— Vous l'admettez ! intervint Liotard.

— J'admets, maître. Ce n'est pas vous que j'interroge.

» Vous avez tout de suite compris que la police s'occupait de vous, Steuvels.

» A ce moment, il y avait, dans votre atelier, une valise brune qui ne s'y trouvait plus le soir quand le brigadier Lucas est venu avec un mandat de perquisition.

» Qui vous a téléphoné ? Qui avez-vous alerté ? Qui est venu vous voir entre la visite de Lapointe et celle de Lucas ?

» J'ai fait vérifier la liste des gens à qui vous avez l'habitude de téléphoner et dont vous avez noté les numéros sur un carnet. J'ai vérifié moi-même votre annuaire. Le nom de Liotard ne figure pas non plus parmi vos clients.

» Or il est venu vous voir ce jour-là. Est-ce vous qui l'avez appelé ou quelqu'un que vous connaissez vous l'a-t-il envoyé ?

— Je vous interdis de répondre.

Mais le Flamand fit un geste d'impatience.

— Il est venu de lui-même.

— C'est bien de Me Liotard que vous parlez, n'est-ce pas ?

Alors le relieur regarda chacun autour de lui et ses yeux pétillèrent, comme s'il avait une certaine délectation personnelle à mettre son avocat dans l'embarras.

— De Me Liotard, oui.

Celui-ci se tourna vers le greffier qui écrivait.

— Vous n'avez pas le droit d'enregistrer au procès-verbal ces réponses qui n'ont rien à voir avec l'affaire. Je suis, en effet, allé chez Steuvels dont je connaissais la réputation, pour lui demander s'il pouvait me faire un travail de reliure. Est-ce exact ?

— C'est exact !

Pourquoi diable une petite flamme maligne dansait-elle dans les prunelles claires du Flamand ?

— Il s'agit d'un *ex-libris*, avec le blason de la famille — parfaitement, monsieur Maigret, car mon grand-père s'appelait le comte de Liotard et c'est de son plein gré que, ruiné, il a renoncé à employer son titre. Je voulais donc un blason de la famille et je me suis adressé à Steuvels, que je savais être le meilleur relieur de Paris, mais qu'on m'avait dit fort occupé.

— Vous ne lui avez parlé que de votre blason ?

— Pardon. Il me semble que vous êtes en train de m'interroger. Monsieur le juge, nous sommes ici dans votre cabinet et je n'entends pas être pris à partie par un policier. Déjà lorsqu'il s'agissait de mon client, j'ai fait toutes mes réserves. Mais qu'un membre du Barreau...

— Vous avez d'autres questions à poser à Steuvels, monsieur le commissaire ?

— Aucune, je vous remercie.

C'était drôle. Il lui semblait toujours que le relieur n'était pas fâché de ce qui s'était passé et qu'il le regardait même avec une sympathie nouvelle.

Quant à l'avocat, il se rasseyait, saisissait un dossier dans lequel il feignait de se plonger.

— Vous me trouverez quand vous voudrez, maître Liotard. Vous connaissez mon bureau ? L'avant-dernier à gauche, au fond du couloir.

Il sourit au juge Dossin qui n'était pas très à son aise et se dirigea vers la petite porte par quoi la P. J. communique avec le Palais de Justice.

C'était la ruche, plus que jamais, les téléphones qui fonctionnaient derrière les portes, les gens qui attendaient dans tous les coins, les inspecteurs qui couraient le long des couloirs.

— Je crois que quelqu'un vous attend dans votre bureau, commissaire.

Quand il poussa la porte, il trouva Fernande en tête à tête avec le jeune Lapointe qui, assis à la place de Maigret, l'écoutait en prenant des notes. Confus, il se leva. La femme du relieur portait un gabardine beige à ceinture et un chapeau en même tissu, sans coquetterie.

— Comment va-t-il ? questionna-t-elle. Vous venez de le voir ? Il est toujours là-haut ?

— Il va très bien. Il admet que Liotard est passé à l'atelier dans l'après-midi du 21.

— Il vient de se passer un événement plus grave, dit-elle. Surtout, je vous supplie de prendre ce que je vais vous dire au sérieux. Ce matin, j'ai quitté la rue de Turenne comme d'habitude pour porter son dîner à la Santé. Vous connaissez les petites casseroles émaillées dans lesquelles je le mets.

» J'ai pris le métro à la station Saint-Paul et ai changé au Châtelet. J'avais acheté le journal en passant, car je n'avais pas encore eu le temps de le lire.

» Il y avait une place assise, près de la porte. Je m'y suis installée et ai commencé l'article que vous savez.

» J'avais posé les casseroles superposées sur le plancher, à côté de moi, et je pouvais en sentir la chaleur contre ma jambe.

» Cela devait être l'heure d'un train, car, quelques stations avant Montparnasse, beaucoup de monde est monté dans le wagon, beaucoup de gens avec des valises.

» Prise par ma lecture, je ne faisais pas attention à ce qui se passait autour de moi quand j'ai eu l'impression qu'on touchait à mes casseroles.

» J'ai eu juste le temps d'apercevoir une main qui essayait de remettre la poignée de métal.

» Je me suis levée, en me tournant vers mon voisin. On arrivait à Montparnasse, où je devais changer. Presque tout le monde descendait.

» Je ne sais pas comment il s'y est pris, mais il est parvenu à renverser l'appareil et à se faufiler sur le quai avant que je le voie en face.

» La nourriture s'est répandue. Je vous ai apporté les casseroles qui, à part celle du dessous, sont à peu près vides.

» Regardez vous-même. Une lame de métal, munie d'une poignée, les tient emboîtées.

» Cela ne s'est pas ouvert tout seul.

» Je suis sûre que quelqu'un me suivait et a essayé de glisser du poison dans les aliments destinés à Frans. »

— Porte ça au laboratoire, dit Maigret à Lapointe.

— On ne trouvera peut-être rien, car c'est fatalement dans la casserole du dessus qu'on a tenté de mettre le poison et elle est vide. Vous me croyez quand même, monsieur le commissaire? Vous avez pu vous rendre compte que j'étais franche avec vous.

— Toujours?

— Dans la mesure du possible. Cette fois il s'agit de la vie de Frans. On essaie de le supprimer, et ces salauds ont voulu se servir de moi à mon insu.

Elle regorgeait d'amertume.

— Si seulement je n'avais pas été plongée dans mon journal, j'aurais pu observer l'homme. Tout ce que je sais, c'est qu'il portait un imperméable à peu près de la même couleur que le mien et que ses souliers noirs étaient usés.

— Jeune?

— Pas très jeune. Pas vieux non plus. Entre deux âges. Ou plutôt un homme sans âge, vous savez ce que je veux dire? Il y avait une tache près de l'épaule, à son imperméable, je l'ai remarquée pendant qu'il se faufilait.

— Grand? Maigre?

— Plutôt petit. Moyen, tout au plus. L'air d'un rat, si vous voulez mon impression.

— Et vous êtes sûre de ne l'avoir jamais vu?

Elle réfléchit.

— Non. Il ne me rappelle rien.

Puis, se ravisant :

— Cela me revient. J'étais justement en train de lire l'article de l'histoire de la dame au petit garçon et de l'*Hôtel Beauséjour*. Il m'a fait penser à un des deux hommes, celui dont la tenancière a dit qu'il ressemblait à un marchand de cartes transparentes. Vous ne vous moquez pas de moi?

— Non.

— Vous ne croyez pas que j'invente?

— Non.

— Vous pensez qu'on a essayé de le tuer?

— C'est possible.

— Qu'est-ce que vous allez faire?

— Je ne sais pas encore.

Lapointe rentrait et annonçait que le laboratoire ne pourrait pas donner son rapport avant plusieurs heures.

— Vous croyez préférable qu'il se contente de la nourriture de la prison?

— Ce serait prudent.

— Il va se demander pourquoi je ne lui ai pas envoyé son repas. Je ne le verrai que dans deux jours à la visite.

Elle ne pleurait pas, ne faisait pas de manières, mais ses yeux sombres, très cernés, étaient remplis d'inquiétude et de détresse.

— Venez avec moi.

Il adressa un clin d'œil à Lapointe, la précéda dans les escaliers, dans les couloirs qui devenaient de plus en plus déserts à mesure qu'ils avançaient. Il eut de la peine à ouvrir une petite fenêtre qui donnait sur la cour où une voiture cellulaire attendait.

— Il ne va pas tarder à descendre. Vous permettez? J'ai à faire là-haut...

Du geste, il désignait les combles.

Elle le suivit des yeux, incrédule, puis s'accrocha des deux mains aux barreaux en essayant de voir aussi loin que possible dans la direction d'où Steuvels allait surgir.

CHAPITRE

5

UNE HISTOIRE DE CHAPEAU

C'ÉTAIT REPOSANT, en quittant les bureaux dont les portes claquaient sans cesse au passage des inspecteurs et où tous les téléphones fonctionnaient en même temps, de s'acheminer, par un escalier toujours désert, vers les combles du Palais de Justice où étaient installés les laboratoires et les sommiers.

Il faisait déjà presque noir et, dans l'escalier mal éclairé, qui ressemblait à quelque escalier dérobé du château, Maigret était précédé par son ombre gigantesque.

Dans un coin d'une pièce mansardée, Moers, une visière verte sur le front, ses grosses lunettes devant les yeux, travaillait sous une lampe qu'il approchait ou reculait de son travail en tirant sur un fil de fer.

Celui-là n'était pas allé rue de Turenne pour questionner les voisins, ni boire des pernods et du vin blanc dans un des trois bars. Il n'avait jamais filé personne dans la rue, ni passé la nuit planqué devant une porte close.

Il ne s'emballait jamais ne s'énervait pas, mais, peut-être serait-il encore penché sur son bureau demain matin? Il lui était arrivé, une fois, d'y passer trois jours et trois nuits de suite.

Maigret, sans rien dire, avait saisi une chaise à fond de paille, était venu s'asseoir près de l'inspecteur et avait allumé sa pipe sur laquelle il tirait doucement. En entendant un bruit régulier sur un vasistas, au-dessus de sa tête, il apprit que le temps avait changé et qu'il s'était mis à pleuvoir.

— Regardez celles-ci, patron, disait Moers en lui tendant, comme un jeu de cartes, un lot de photographies.

C'était un travail magnifique qu'il avait accompli là, seul dans son coin. Avec les vagues signalements qu'on lui avait fournis, il avait en quelque sorte animé, doué d'une personnalité trois personnages dont on ne savait à peu près rien : l'étranger gras et brun, aux vêtements raffinés ; la jeune femme au chapeau blanc et enfin le complice qui ressemblait « à un marchand de cartes postales transparentes ».

Pour ce faire, il disposait des centaines de milliers de fiches des sommiers, mais sans doute était-il le seul à en garder un souvenir suffisant pour réaliser ce qu'il venait de réaliser patiemment.

Le premier paquet, que Maigret examinait, comportait une quarantaine de photographies d'hommes gras et soignés, genre Grecs ou Levantins, au poil lisse, aux doigts bagués.

— Je ne suis pas trop content de ceux-là, soupirait Moers, comme si on l'avait chargé de découvrir la distribution idéale d'un film. Vous pouvez essayer quand même. Pour ma part, je préfère ceux-ci.

Il n'y avait qu'une quinzaine de photos dans le second paquet, et à chacune on avait envie d'applaudir, tant elles ressemblaient à l'idée qu'on se faisait du personnage décrit par la tenancière du *Beauséjour*.

En regardant au dos, Maigret apprenait la profession des personnages. Deux ou trois étaient marchands de tuyaux aux courses. Il y avait un voleur à l'esbroufe, qu'il connaissait d'autant mieux qu'il l'avait arrêté personnellement dans un autobus, et un individu qui faisait la retape à la porte des grands hôtels pour certains établissements spéciaux.

Une petite flamme satisfaite dansait dans les yeux de Moers.

— C'est amusant, n'est-ce pas ? Pour la femme je n'ai presque rien, parce que nos photographies ne comportent pas de chapeau. Je continue, pourtant.

Maigret, qui avait glissé les photos dans sa poche, resta encore un moment, par plaisir, puis, en soupirant, passa dans le laboratoire voisin où on travaillait toujours sur les aliments contenus dans les casseroles de Fernande.

On n'avait rien découvert. Ou bien l'histoire était inventée de toutes pièces, dans un but qu'il ne devinait pas, ou on n'avait pas eu le temps de verser le poison, ou encore celui-ci était tombé dans la partie qui s'était entièrement renversée dans le wagon du métro.

Maigret évita de repasser par les bureaux de la P. J. et déboucha dans la pluie quai des Orfèvres, releva le col de son pardessus, marcha vers le pont Saint-Michel et dut tendre le bras une dizaine de fois avant qu'un taxi s'arrêtât.

— Place Blanche. Au coin de la rue Lepic.

Il n'était pas en train, mécontent de lui et de la tournure de l'enquête. Il en voulait en particulier à Philippe Liotard, qui l'avait obligé à abandonner ses méthodes habituelles et à mettre, dès le début, tous les services en mouvement.

Maintenant trop de gens s'occupaient de l'affaire, qu'il ne pouvait contrôler personnellement, et celle-ci se compliquait comme à plaisir, de nouveaux personnages surgissaient, dont il ne savait à peu près rien et dont il était incapable de deviner le rôle.

Par deux fois, il avait eu envie de reprendre l'enquête à son début, tout seul, lentement, pesamment, selon sa méthode favorite, mais ce n'était plus possible, la machine était en marche et il n'y avait plus moyen de l'arrêter

Il aurait aimé, par exemple, questionner à nouveau la concierge, le cordonnier d'en face, la vieille demoiselle du quatrième. Mais à quoi bon ? Tout le monde les avait questionnés à présent, les inspecteurs, les journalistes, les détectives amateurs, les gens de la rue. Leurs déclarations avaient paru dans les journaux et ils ne pouvaient plus en démordre. C'était comme une piste que cinquante personnes auraient piétinée à plaisir.

— Vous croyez que le relieur a tué, monsieur Maigret ?

C'était le chauffeur, qui l'avait reconnu et qui l'interrogeait familièrement.

— Je ne sais pas.

— Si j'étais vous, je m'occuperais surtout du petit garçon. Pour moi, c'est le bon bout, et je ne parle pas ainsi parce que j'ai un gamin de son âge.

Même les chauffeurs s'y mettaient ! Il descendit

à l'angle de la rue Lepic et entra au bar du coin pour boire un verre. La pluie ruisselait en grosses gouttes du vélum tout autour de la terrasse où quelques femmes étaient figées comme dans un musée de cire. Il les connaissait pour la plupart. Quelques-unes devaient emmener leurs clients à l'*Hôtel Beauséjour*.

Il y en avait une, très grosse, à la porte même de l'hôtel qu'elle obstruait et elle sourit en croyant qu'il venait pour elle, puis le reconnut et s'excusa.

Il gravit l'escalier, mal éclairé, trouva la tenancière dans le bureau, vêtue cette fois de soie noire avec des lunettes à monture d'or, les cheveux d'un roux flamboyant.

— Asseyez-vous. Vous permettez un instant?

Elle alla crier dans l'escalier :

— Une serviette au 17, Emma!

Elle revint.

— Vous avez trouvé quelque chose?

— Je voudrais que vous examiniez ces photos avec attention.

Il lui tendit d'abord les quelques photographies de femme sélectionnées par Moers. Elle les regarda une à une, hochant chaque fois la tête, lui rendit le paquet.

— Non. Ce n'est pas du tout le genre. Elle est quand même plus distinguée que ces femmes-là. Peut-être pas tellement distinguée. Ce que je veux dire, c'est « comme il faut ». Vous comprenez? Elle a l'air d'une petite femme convenable, tandis que celles que vous me montrez pourraient être de mes clientes.

— Et ceux-ci?

C'étaient les hommes à cheveux noirs. Elle hochait toujours la tête.

— Non. Ce n'est pas cela du tout. Je ne sais pas comment vous expliquer. Ceux-ci font trop métèque. Voyez-vous, M. Levine aurait pu descendre dans un grand hôtel des Champs-Élysées sans se faire remarquer.

— Celles-ci ?

Il tendit le dernier paquet en soupirant et, dès la troisième photographie, elle s'immobilisa, lança au commissaire un petit regard en dessous. Hésitait-elle à parler ?

— C'est lui ?

— Peut-être. Attendez que je m'approche de la lumière.

Une fille montait, avec un client qui se tenait dans l'ombre de l'escalier.

— Prends le 7, Clémence. On vient de faire la chambre.

Elle changeait ses lunettes de place sur son nez.

— Je jurerais que c'est lui, oui. C'est dommage qu'il ne bouge pas. En le voyant marcher, même de dos, je le reconnaîtrais tout de suite. Mais il y a peu de chance que je me trompe.

Derrière la photographie, Moers avait écrit un résumé de la carrière de l'homme. Maigret fut frappé de constater que c'était probablement un Belge, comme le relieur. *Probablement*, car il était connu sous plusieurs noms différents et on n'avait jamais été sûr de son identité véritable.

— Je vous remercie.

— J'espère que vous m'en tiendrez compte J'aurais pu faire semblant de ne pas le reconnaître. Après tout, ce sont peut-être des gens dangereux et je risque gros.

Elle était tellement parfumée, les odeurs de la maison étaient si tenaces qu'il fut heureux de se retrouver sur le trottoir et de respirer l'odeur des rues sous la pluie.

Il n'était pas sept heures. Le petit Lapointe devait être allé retrouver sa sœur pour lui raconter, comme Maigret le lui avait conseillé, ce qui s'était passé au Quai pendant la journée.

C'était un bon garçon, encore trop nerveux, trop émotif, mais on en ferait probablement quelque chose. Lucas, dans son bureau, jouait toujours au chef d'orchestre, relié par téléphone à tous les services, à tous les coins de Paris et d'ailleurs où on cherchait le trio.

Quant à Janvier, il ne quittait plus Alfonsi, qui était retourné rue de Turenne et était resté près d'une heure dans le sous-sol avec Fernande.

Le commissaire but encore un verre de bière, le temps de lire les notes de Moers, qui lui rappelaient quelque chose.

Alfred Moss, nationalité belge (?). Environ quarante-deux ans. A été, pendant une dizaine d'années, artiste de music-hall. Appartenait à un numéro d'acrobates aux barres fixes: Moss, Jef and Joe.

Maigret s'en souvenait. Il se souvenait surtout de celui des trois qui tenait le rôle de clown en vêtements noirs trop amples et souliers interminables, le menton bleu, la bouche immense et la perruque verte.

L'homme paraissait complètement désarticulé et, après chaque voltige, il retombait si lourdement en apparence qu'il semblait impossible qu'il ne se fût pas cassé quelque chose.

A travaillé dans la plupart des pays d'Europe et même aux États-Unis où il a suivi le cirque Barnum pendant quatre ans. A abandonné son métier à la suite d'un accident.

Suivaient les noms sous lesquels la police l'avait connu ensuite : Mosselaer, Van Vlanderen, Paterson, Smith, Thomas... Il avait été arrêté successivement à Londres, à Manchester, à Bruxelles, à Amsterdam, et trois ou quatre fois à Paris.

Cependant il n'avait jamais été condamné, faute de preuves. Que ce fût sous une identité ou sous une autre, il possédait invariablement des papiers en règle et il parlait avec assez de perfection quatre ou cinq langues pour changer de nationalité à son gré.

La première fois qu'il avait été poursuivi, c'était à Londres, où il se donnait comme citoyen suisse et où il travaillait en qualité d'interprète dans un palace. Une mallette de bijoux avait disparu d'un appartement dont on l'avait vu sortir, mais la propriétaire des bijoux, une vieille Américaine, témoigna que c'était elle qui l'avait appelé dans son appartement pour se faire traduire une lettre reçue d'Allemagne.

A Amsterdam, il avait été soupçonné, quatre ans plus tard, de vol à l'américaine. Pas plus que la première fois, on ne put en établir la preuve, et il disparut de la circulation pendant un certain temps.

C'étaient ensuite les Renseignements Généraux, à Paris, qui s'étaient occupés de lui, toujours en vain, à une époque où le trafic d'or, aux frontières, se pratiquait sur une grande échelle et où Moss, devenu Joseph Thomas, faisait la navette entre la France et la Belgique.

Il connaissait des hauts et des bas, vivait tantôt dans un hôtel de premier ordre, voire un palace, et tantôt dans un meublé miteux.

Depuis trois ans, on ne le signalait nulle part. On ne savait ni dans quel pays, ni sous quel nom il opérait, s'il opérait encore.

Maigret se dirigea vers la cabine et appela Lucas au bout du fil.

— Monte voir Moers et demande-lui tous les tuyaux sur un certain Moss. Oui. Dis-lui que c'est un de nos hommes. Il te donnera son signalement et le reste. Fais un appel général. Mais qu'on ne l'arrête pas Qu'on essaie même, si on le trouve, de ne pas l'inquiéter. Tu comprends ?

— Compris, patron. On vient encore de me signaler un enfant.

— Où ?

— Avenue Denfert-Rochereau. J'ai envoyé quelqu'un. J'attends. Je n'ai plus assez d'hommes sous la main. Il y a eu aussi un appel de la gare du Nord. Torrence y est allé.

Il eut envie de marcher un peu, sous la pluie et passa place d'Anvers, où il regarda le banc, en ce moment dégoulinant d'eau, où Mme Maigret avait attendu. En face, sur l'immeuble d'angle de l'avenue Trudaine, un panneau portait en grandes lettres blafardes le mot : *Dentiste.*

Il reviendrait. Il y avait des tas de choses qu'il voulait faire et que la bousculade l'obligeait toujours à remettre au lendemain.

Il sauta dans un autobus. Quand il arriva devant sa porte, il fut étonné de ne pas entendre de bruit dans la cuisine, de ne sentir aucune odeur. Il entra, traversa la salle à manger où les couverts n'étaient pas mis et vit enfin Mme Maigret, en combinaison, occupée à retirer ses bas.

Cela lui ressemblait si peu qu'il ne trouva rien à dire et qu'elle éclata de rire en voyant ses gros yeux ronds.

— Tu es fâché, Maigret.

Il y avait dans sa voix une bonne humeur presque agressive qu'il ne lui connaissait pas, et il voyait sur le lit sa meilleure robe, son chapeau des grands jours.

— Il va falloir que tu te contentes d'un dîner froid. Figure-toi que j'ai été tellement occupée que je n'ai eu le temps de rien préparer. D'ailleurs, c'est si rare que tu rentres pour les repas, ces jours-ci !

Et, assise dans la bergère, elle se massait les pieds avec un soupir de satisfaction.

— Je crois que je n'ai jamais autant marché de ma vie !

Il restait là, en pardessus, son chapeau mouillé sur la tête, à la regarder et à attendre, et elle le laissait languir exprès.

— J'ai commencé par les grands magasins, bien que je fusse à peu près certaine que c'était inutile. Mais on ne sait jamais ; et je ne voulais pas me reprocher ensuite ma négligence. Puis j'ai fait toute la rue La Fayette, je suis remontée par la rue Notre-Dame-de-Lorette et je me suis promenée rue Blanche, rue de Clichy. Je suis redescendue vers l'Opéra, tout cela à pied, même quand il a commencé à pleuvoir. Il faut te dire qu'hier, sans t'en parler, j'avais déjà « fait » le quartier des Ternes et les Champs-Élysées.

» Par acquit de conscience aussi, car je me doutais que de ce côté-là c'était trop cher. »

Il prononçait enfin la phrase qu'elle attendait, qu'elle essayait de provoquer depuis un bon moment.

— Qu'est-ce que tu cherchais ?

— Le chapeau, tiens ! Tu n'avais pas compris ? Cela me tracassait, cette histoire-là. J'ai pensé que ce n'était pas un travail pour des hommes. Un tailleur, c'est un tailleur, surtout un tailleur bleu. Mais un chapeau, c'est différent, et j'avais bien regardé celui-là. Les chapeaux blancs sont à la mode depuis quelques semaines. Seulement un chapeau ne ressemble jamais tout à fait à un autre chapeau. Tu comprends ? Cela ne t'ennuie pas de manger froid ? J'ai apporté des charcuteries de la maison italienne, du jambon de Parme, des cèpes au vinaigre et un tas de petits hors-d'œuvre préparés.

— Le chapeau ?

— Cela t'intéresse, Maigret ? En attendant le tien est en train d'égoutter sur le tapis. Tu ferais mieux de l'enlever.

Elle avait réussi, car autrement elle ne serait pas d'humeur si taquine et elle ne se permettrait pas de jouer ainsi avec lui. Il valait mieux la laisser venir, garder son air grognon, car cela lui faisait plaisir.

Pendant qu'elle passait une robe de laine, il s'assit au bord du lit.

— Je savais bien que ce n'était pas un chapeau de toute grande modiste et que ce n'était pas la peine de chercher rue de la Paix, rue Saint-Honoré ou avenue Matignon. D'ailleurs, dans ces maisons-là, on ne met rien aux étalages et il aurait fallu que j'entre et que je joue à la cliente. Tu me vois essayer des chapeaux chez Caroline Reboux ou chez Rose Valois ?

» Mais ce n'était pas non plus un chapeau des *Galeries* ou du *Printemps*.

» Entre les deux. Un chapeau de modiste quand même, et de modiste qui a du goût.

» C'est pour cela que j'ai fait toutes les petites maisons, surtout dans les environs de la place d'Anvers, enfin pas trop loin.

» J'ai vu une bonne centaine de chapeaux blancs, et pourtant c'est devant un chapeau gris perle que je me suis enfin arrêtée, rue Caumartin, chez « Hélène et Rosine ».

» C'était exactement le même chapeau, dans un autre ton, et je suis sûre de ne pas me tromper. Je t'ai dit que celui de la dame au petit garçon avait un bout de voilette, large de trois ou quatre doigts, tombant juste sur les yeux.

» Le chapeau gris avait la même. »

— Tu es entrée?

Maigret devait faire un effort pour ne pas sourire, car c'était bien la première fois que la timide Mme Maigret se mêlait d'une enquête, sans doute la première fois aussi qu'elle pénétrait dans une boutique de modiste du quartier de l'Opéra.

— Cela t'étonne? Tu trouves que je fais trop grosse mémère? Je suis entrée, oui. J'avais peur que ce soit fermé. J'ai demandé le plus naturellement du monde s'ils n'avaient pas le même chapeau en blanc.

» La dame m'a répondu que non, qu'ils l'avaient en bleu pâle, en jaune et en vert jade. Elle a ajouté qu'elle avait eu le même en blanc, mais qu'elle l'avait vendu il y a plus d'un mois. »

— Qu'est-ce que tu as fait? questionna-t-il, intrigué.

— Je lui ai dit, après avoir respiré un grand coup:

» — C'est celui-là que j'ai vu porté par une de mes amies.

» Je me voyais dans les glaces, car il y a des miroirs tout autour de la boutique, et j'avais le visage cramoisi.

» — Vous connaissez la comtesse Panetti? m'a-t-elle demandé avec un étonnement pas flatteur.

» — Je l'ai rencontrée. Je serais bien contente de la revoir, car j'ai obtenu un renseignement qu'elle m'avait demandé et j'ai égaré son adresse.

» — Je suppose qu'elle est toujours... »

» Elle a failli s'arrêter. Elle n'avait pas tout à fait confiance en moi. Mais elle n'a pas osé ne pas finir sa phrase.

» — Je suppose qu'elle est toujours au *Claridge*. »

Mme Maigret le regardait, triomphante et narquoise à la fois, avec, malgré tout, un tremblement inquiet des lèvres. Il joua le jeu jusqu'au bout, grogna :

— J'espère que tu n'es pas allée interroger le portier du *Claridge ?*

— Je suis revenue tout de suite. Tu es fâché?

— Non.

— Je t'ai donné assez de mal avec cette histoire pour que j'essaie de t'aider. Maintenant, viens manger, car j'espère que tu vas prendre le temps d'avaler un morceau avant d'aller là-bas.

Ce dîner lui rappela leurs premiers repas en commun, quand elle découvrait Paris et qu'elle s'émerveillait de tous les petits plats préparés qu'on vend dans les maisons italiennes. C'était plus une dînette qu'un dîner.

— Tu crois que le renseignement est bon?

— A condition que tu ne te sois pas trompée de chapeau.

— De cela, je suis certaine. Pour les souliers, je n'avais pas tant confiance.

— Quelle est encore cette histoire de souliers?

— Quand on est assise sur un banc, dans un square, on a naturellement devant les yeux les souliers de sa voisine. Une fois que je les regardais avec attention, j'ai vu qu'elle était gênée et essayait de mettre ses pieds sous le banc.

— Pourquoi?

— Je vais t'expliquer, Maigret. Ne fais pas cette tête-là. Ce n'est pas ta faute si tu ne comprends rien aux affaires de femmes. Suppose qu'une personne habituée aux grands couturiers veuille avoir l'air d'une petite bourgeoise et passer inaperçue? Elle s'achète un tailleur tout fait, ce qui est facile. Elle peut aussi s'acheter un chapeau qui ne soit pas de grand luxe, quoique je ne sois pas aussi sûre du chapeau.

— Que veux-tu dire?

— Qu'elle l'avait avant, mais qu'elle a pensé qu'il ressemblait suffisamment aux autres chapeaux blancs portés cette saison par les midinettes. Elle enlève ses bijoux, bon! Mais il y a une chose à quoi elle aura de la peine à s'habituer : les souliers tout faits. De se chausser chez les grands bottiers, cela rend les pieds délicats. Tu m'as assez entendue gémir pour savoir que les femmes ont naturellement les pieds sensibles. De sorte que la dame garde ses souliers en pensant qu'on ne les remarquera pas. C'est une erreur, car, moi, c'est toujours la première chose que je regarde. D'habitude, c'est le contraire qui se passe : on voit des jolies femmes élégantes, avec une robe chère ou un manteau de fourrure, qui portent des souliers de quatre sous.

— Elle avait des souliers chers?

— Des souliers faits sur mesure, sûrement. Je ne m'y connais pas assez pour savoir de quel bottier ils venaient. D'autres femmes auraient sans doute pu le dire.

Il prit le temps, après avoir mangé, de se servir un petit verre de prunelle et de fumer une pipe presque entière.

— Tu vas au *Claridge?* Tu ne rentreras pas trop tard?

Il prit un taxi, descendit en face du palace, aux Champs-Élysées, et se dirigea vers le bureau du portier. C'était déjà le portier de nuit, qu'il connaissait depuis des années, et cela valait mieux, car les portiers de nuit en savent régulièrement plus long sur les clients que ceux de jour.

Son arrivée dans un endroit de ce genre produisait toujours le même effet. Il pouvait voir les employés de la réception, le sous-directeur et même le garçon d'ascenseur froncer les sourcils en se demandant ce qui clochait. On n'aime pas les scandales, dans les hôtels de luxe, et la présence d'un commissaire de la P. J. annonce rarement quelque chose de bon.

— Comment allez-vous, Benoît?

— Pas mal, monsieur Maigret. Les Américains commencent à donner.

— La comtesse Panetti est toujours ici?

— Il y a bien un mois qu'elle est partie. Voulez-vous que je vérifie la date exacte?

— Sa famille l'a accompagnée?

— Quelle famille?

C'était l'heure calme. La plupart des locataires

étaient dehors, au théâtre ou à dîner. Dans la lumière dorée, les chasseurs se tenaient les bras ballants près des colonnes de marbre et observaient de loin le commissaire, que tous connaissaient de vue.

— Je ne lui ai jamais connu de famille. Voilà des années qu'elle descend ici... et...

— Dites-moi. Avez-vous déjà vu la comtesse avec un chapeau blanc ?

— Certainement. Elle en a reçu un quelques jours avant son départ.

— Elle portait aussi un tailleur bleu ?

— Non. Vous devez confondre, monsieur Maigret. Le tailleur bleu, c'est sa femme de chambre, ou sa camériste, si vous préférez, enfin la demoiselle qui voyage avec elle.

— Vous n'avez jamais vu la comtesse Panetti en tailleur bleu ?

— Si vous la connaissiez, vous ne me demanderiez pas ça.

Maigret, à tout hasard, tendit les photographies de femmes sélectionnées par Moers.

— Y en a-t-il une qui lui ressemble ?

Benoît regarda le commissaire avec stupeur.

— Vous êtes sûr que vous ne vous trompez pas ? Vous me montrez des portraits de femmes qui n'ont pas trente ans et la comtesse n'en a pas loin de soixante-dix. Tenez ! vous devriez vous renseigner sur elle auprès de vos collègues de la Mondaine, car ils doivent la connaître.

» Nous en voyons de toutes les couleurs, n'est-ce pas ? Eh bien ! la comtesse est une de nos clientes les plus originales. »

— D'abord savez-vous qui elle est ?

— C'est la veuve du comte Panetti, l'homme

des munitions et de l'industrie lourde en Italie.

» Elle vit un peu partout, à Paris, à Cannes, en Égypte. Je crois qu'elle fait aussi chaque année une saison à Vichy. »

— Elle boit?

— C'est-à-dire qu'elle remplace l'eau par du champagne et je ne serais pas étonné qu'elle se lave les dents au Pommery brut! Elle s'habille comme une jeune fille, se maquille comme une poupée et passe la plus grande partie de ses nuits dans les cabarets.

— Sa femme de chambre?

— Je ne la connais pas beaucoup. Elle en change souvent. Je n'ai vu celle-ci que cette année. L'an dernier, elle avait une grande fille rousse, une masseuse de profession, car elle se fait masser chaque jour.

— Vous connaissez le nom de la jeune fille?

— Gloria quelque chose. Je n'ai plus sa fiche, mais on vous le dira au bureau. J'ignore si elle est Italienne ou simplement du Midi, peut-être même de Toulouse?

— Une petite brune?

— Oui, élégante, convenable, jolie. Je la voyais peu. Elle n'occupait pas une chambre de courrier, mais vivait dans l'appartement où elle prenait ses repas avec sa patronne.

— Pas d'hommes.

— Seulement le gendre, qui est venu les voir de temps en temps.

— Quand?

— Peu avant leur départ. Pour les dates, interrogez la réception. Il n'habitait pas l'hôtel.

— Vous savez son nom?

— Krynker, je crois. C'est un Tchèque ou un Hongrois.

— Un brun, assez gras, d'une quarantaine d'années ?

— Non. Très blond, au contraire, et beaucoup plus jeune. Je lui donne à peine trente ans.

Ils furent interrompus par un groupe d'Américaines en robe du soir qui remettaient leurs clefs et réclamaient un taxi.

— Quand à vous jurer que c'est un vrai gendre...

— Elle avait des aventures ?

— Je ne sais pas. Je ne dis ni oui ni non.

— Il lui est arrivé au gendre, de passer la nuit ici ?

— Non. Mais ils sont sortis ensemble plusieurs fois.

— Avec la caméristε ?

— Elle ne sortait jamais le soir avec la comtesse. Je ne l'ai même jamais vue en robe habillée.

— Vous savez où elles sont allées ?

— A Londres, si je me souviens bien. Mais attendez donc. Je crois me rappeler quelque chose. Ernest ! Viens ici. N'aie pas peur. Est-ce que la comtesse Panetti n'a pas laissé ses gros bagages ?

— Oui, monsieur.

Le concierge expliqua :

— Il arrive souvent que nos clients, qui ont à se déplacer pour un temps plus ou moins long, laissent ici une partie de leurs bagages. Nous avons une remise tout exprès. La comtesse y a laissé ses malles.

— Elle n'a pas dit quand elle reviendrait ?

— Pas que je sache.

— Elle est partie seule ?

— Avec sa femme de chambre.

— En taxi ?

— Pour cela, il faudrait questionner mon collègue de jour. Vous le trouverez demain matin à partir de huit heures.

Maigret sortit de sa poche la photographie de Moss. Le concierge ne fit qu'y jeter un coup d'œil, esquissa une grimace.

— Vous ne trouverez pas celui-là ici.

— Vous le connaissez ?

— Paterson. Je l'ai connu sous le nom de Mosselaer, alors que je travaillais à Milan, il y a bien quinze ans de ça. Il est fiché dans tous les palaces et ne s'aventure plus à s'y présenter. Il sait qu'on ne lui donnerait pas de chambre, qu'on ne l'autoriserait même pas à traverser le hall.

— Vous ne l'avez pas aperçu ces derniers temps ?

— Non. Si je le rencontrais, je commencerais par lui réclamer les cent lires qu'il m'a empruntées autrefois et qu'il ne m'a jamais rendues.

— Votre collègue de jour a le téléphone ?

— Vous pouvez toujours essayer de l'appeler à sa villa de Saint-Cloud, mais c'est rare qu'il réponde. Il n'aime pas être dérangé le soir et, la plupart du temps, il décroche son appareil.

Il répondit cependant, et on entendait en même temps la musique de la T. S. F. dans l'appareil.

— Le bagagiste-chef pourrait sans doute être plus précis. Je ne me souviens pas de lui avoir fait appeler un taxi. D'habitude, quand elle quitte l'hôtel, c'est moi qui prends les billets de pullman ou d'avion.

— Vous ne l'avez pas fait cette fois-ci ?

— Non. Voilà seulement que cela me frappe. Peut-être est-elle partie dans une voiture particulière ?

— Vous ne savez pas si le gendre, Krynker, possédait une voiture?

— Certainement. Une grosse auto américaine de couleur chocolat.

— Je vous remercie. Je vous verrai probablement demain matin.

Il passa à la réception où le sous-directeur en veston noir et pantalon rayé tint à rechercher personnellement les fiches.

— Elle a quitté l'hôtel le 16 février, dans la soirée. J'ai sa note sous les yeux.

— Elle était seule?

— Je vois deux lunchs ce jour-là. Elle a donc mangé avec sa dame de compagnie.

— Voulez-vous me confier cette note?

On y trouvait, jour par jour, les dépenses que la comtesse avait faites à l'hôtel, et Maigret désirait les étudier à tête reposée.

— A condition que vous me la retourniez! Sinon, cela nous fera des histoires avec ces messieurs du fisc. Au fait, à quel propos la police enquête-t-elle sur une personnalité telle que la comtesse Panetti?

Maigret, préoccupé, faillit répondre : « C'est à cause de ma femme! »

Il se reprit à temps et grommela :

— Je ne sais pas encore. Une histoire de chapeau.

CHAPITRE

6

LE BATEAU-LAVOIR DU VERT-GALANT

MAIGRET POUSSAIT la porte tournante, découvrait les guirlandes de lumières des Champs-Élysées qui, sous la pluie, l'avaient toujours fait penser à des regards mouillés ; il se disposait à descendre à pied vers le rond-point quand il fronça les sourcils. Debout contre le tronc d'un arbre, non loin d'une marchande de fleurs qui se protégeait de la pluie, Janvier le regardait, piteux, comique, avec l'air de vouloir lui faire comprendre quelque chose.

Il alla vers lui.

— Qu'est-ce que tu fabriques ici ?

L'inspecteur lui désigna une silhouette se dessinant devant une des rares vitrines éclairées. C'était Alfonsi, qui paraissait profondément intéressé par un étalage de malles.

— Il vous suit. De sorte qu'il se fait que je vous suis aussi.

— Il a vu Liotard, après la visite rue de Turenne ?

— Non. Il lui a téléphoné.

— Laisse tomber. Tu veux que je te dépose chez toi ?

Janvier habitait presque sur son chemin, rue Réaumur.

Alfonsi les regarda partir tous les deux, parut surpris, dérouté, puis, comme Maigret hélait un taxi, se décida à faire demi-tour et s'éloigna en direction de l'Étoile.

— Du nouveau ?

— En vrac. Presque trop.

— Je m'occupe encore d'Alfonsi, demain matin ?

— Non. Passe au bureau. Il y aura probablement du travail pour tout le monde.

Quand l'inspecteur fut descendu, Maigret dit au chauffeur :

— Passez par la rue de Turenne.

Il n'était pas tard. Il espérait vaguement qu'il verrait de la lumière chez le relieur. Cela aurait été le moment idéal pour bavarder longuement avec Fernande, comme il avait depuis longtemps envie de le faire.

A cause d'un reflet sur la vitre, il descendit de voiture, mais constata que tout était obscur à l'intérieur, hésita à frapper, repartit en direction du quai des Orfèvres où Torrence était de garde et il lui donna des instructions.

Mme Maigret venait de se coucher quand il rentra sur la pointe des pieds. Comme il se déshabillait dans l'obscurité, pour ne pas l'éveiller, elle lui demanda :

— Le chapeau ?

— Il a effectivement été acheté par la comtesse Panetti.

— Tu l'as vue ?

— Non. Mais elle a environ soixante-quinze ans.

Il se coucha, de mauvaise humeur, ou préoccupé, et il pleuvait toujours quand il s'éveilla, puis il se coupa en se rasant.

— Tu continues ton enquête ? demanda-t-il à sa femme, qui, en bigoudis, lui servait son petit déjeuner.

— J'ai autre chose à faire ? s'informa-t-elle sérieusement.

— Je ne sais pas. Maintenant que tu as commencé...

Il acheta son journal au coin du boulevard Voltaire, n'y trouva aucune nouvelle déclaration de Philippe Liotard, aucun nouveau défi. Le concierge de nuit du *Claridge* avait été discret, car on ne parlait pas non plus de la comtesse.

Là-bas, au Quai, Lucas, en relayant Torrence, avait reçu ses instructions, et la machine fonctionnait ; on cherchait maintenant la comtesse italienne sur la Côte d'Azur et dans les capitales étrangères, en même temps qu'on s'intéressait au dénommé Krynker et à la femme de chambre.

Sur la plate-forme de l'autobus entourée de pluie fine, un voyageur lisait son journal en face de lui, et ce journal portait un titre qui fit rêver le commissaire.

L'enquête piétine.

Combien de personnes, à l'heure même, étaient en train de s'en occuper ? On surveillait toujours les gares, les ports, les aérodromes. On continuait à fouiller les hôtels et les meublés. Non seulement à Paris et en France, mais à Londres, à Bruxelles, à Amsterdam, à Rome, on cherchait la trace d'Alfred Moss.

Maigret descendit rue de Turenne, entra au *Tabac des Vosges* pour acheter un paquet de gris et, par la même occasion, but un verre de vin blanc. Il n'y avait pas de journalistes, mais seulement des gens du quartier qui commençaient à déchanter.

La porte du relieur était fermée. Il frappa, vit bientôt Fernande émerger du sous-sol par l'escalier en colimaçon. En bigoudis, comme Mme Maigret, elle hésita en le reconnaissant à travers la vitre, et vint enfin lui ouvrir la porte.

— Je voudrais bavarder avec vous un moment.

Il faisait frais dans l'escalier, car le calorifère n'avait pas été rallumé.

— Vous préférez descendre ?

Il la suivit dans la cuisine, dont elle était occupée à faire le ménage quand il l'avait dérangée. Elle paraissait fatiguée, elle aussi, avec comme du découragement dans le regard.

— Vous voulez une tasse de café ? J'en ai du chaud.

Il accepta, s'assit près de la table, et elle finit par s'asseoir en face de lui, en ramenant les pans de son peignoir sur ses jambes nues.

— Alfonsi est encore venu vous voir hier. Qu'est-ce qu'il veut ?

— Je ne sais pas. Il s'intéresse surtout aux questions que vous me posez, me recommande de me méfier de vous.

— Vous lui avez parlé de la tentative d'empoisonnement ?

— Oui.

— Pourquoi ?

— Vous ne m'aviez pas dit de me taire. Je ne sais plus comment c'est venu dans la conversation. Il travaille pour Liotard et il est normal que celui-ci soit au courant.

— Personne d'autre ne vous a rendu visite ?

Il lui sembla qu'elle hésitait, mais c'était peut-être l'effet de la fatigue qui accablait la femme du Flamand. Elle s'était servi un plein bol de café. Elle devait se soutenir à grand renfort de café noir.

— Non. Personne.

— Vous avez dit à votre mari pourquoi vous ne lui portiez plus ses repas ?

— J'ai pu l'avertir. Je vous remercie.

— On ne vous a pas téléphoné ?

— Non. Je ne crois pas. Il arrive que j'entende la sonnerie. Mais, le temps de monter, et il n'y a plus personne à l'appareil.

Alors il tira de sa poche la photographie d'Alfred Moss.

— Vous connaissez cet homme ?

Elle regarda le portrait, puis Maigret, et dit tout naturellement.

— Bien sûr.

— Qui est-ce ?

— C'est Alfred, le frère de mon mari.

— Il y a longtemps que vous l'avez vu ?

— Je le vois rarement. Quelquefois, il est plus d'un an sans venir. Il vit le plus souvent à l'étranger.

— Vous savez ce qu'il fait ?

— Pas exactement. Frans dit que c'est un pauvre type, un raté, qui n'a jamais eu de chance.

— Il ne vous a pas parlé de sa profession ?

— Je sais qu'il a travaillé dans un cirque, qu'il était acrobate et qu'il s'est cassé l'épine dorsale en tombant.

— Et depuis ?

— Est-ce qu'il n'est pas une sorte d'imprésario ?

— On vous a dit qu'il ne s'appelait pas Steuvels comme son frère, mais Moss ? On vous a expliqué pourquoi ?

— Oui.

Elle hésitait à continuer, regardait le portrait que Maigret avait laissé sur la table de la cuisine, près des bols de café, puis elle se leva pour étreindre le gaz sous une casserole d'eau.

— J'ai dû deviner en partie. Peut-être que si vous interrogiez Frans à ce sujet il vous en dirait davantage. Vous savez que ses parents étaient très pauvres, mais ce n'est pas toute la vérité. En réalité, sa mère faisait à Gand, ou plutôt dans un faubourg mal famé de la ville, le métier que je faisais moi-même avant.

» Elle buvait, par-dessus le marché. Je me demande si elle n'était pas à moitié folle. Elle a eu sept ou huit enfants dont, la plupart du temps, elle ne connaissait pas le père.

» C'est Frans qui, plus tard, a choisi le nom de Steuvels. Sa mère s'appelait Mosselaer. »

— Elle est morte ?

— Je crois que oui. Il évite d'en parler.

— Il est resté en contact avec ses frères et sœurs ?

— Je ne le pense pas. Il n'y a qu'Alfred qui vienne de temps en temps le voir, rarement. Il doit avoir des hauts et des bas, car, parfois, il paraît prospère, est bien habillé, descend de taxi devant la maison et apporte des cadeaux, alors que d'autres fois il est plutôt miteux.

— Quand l'avez-vous vu pour la dernière fois ?

— Laissez-moi réfléchir. Il y a en tout cas deux mois de ça pour le moins.

— Il est resté à dîner?

— Comme d'habitude.

— Dites-moi, lors de ces visites, votre mari n'essayait-il jamais de vous éloigner sous un prétexte quelconque?

— Non. Pourquoi? Il leur arrivait de rester seuls dans l'atelier, mais, d'en bas, où je faisais la cuisine, j'aurais pu entendre ce qu'ils disaient.

— De quoi parlaient-ils?

— De rien en particulier. Moss évoquait volontiers le temps où il était acrobate et les pays où il a vécu. C'est lui aussi qui faisait presque toujours des allusions à leur enfance et à leur mère, et c'est ainsi que j'ai quelques renseignements.

— Alfred est le plus jeune, je suppose?

— De trois ou quatre ans. Après, il arrivait à Frans d'aller le reconduire jusqu'au coin de la rue. C'est le seul moment où je n'étais pas avec eux.

— Il n'était jamais question d'affaires?

— Jamais.

— Alfred n'est pas venu non plus avec des amis, ou avec des amies?

— Je l'ai toujours vu seul. Je crois qu'il a été marié, jadis. Je n'en suis pas sûre. Il me semble qu'il y a fait allusion. En tout cas, il a aimé une femme et en a souffert.

Il faisait tiède et calme dans la petite cuisine d'où on ne voyait rien du dehors et où il fallait éclairer toute la journée. Maigret aurait aimé y avoir Frans Steuvels en face de lui, lui parler comme il parlait à sa femme.

— Vous m'avez dit, lors de ma dernière visite

qu'il ne sortait pour ainsi dire jamais sans vous. Pourtant, il allait de temps en temps à la banque.

— Je n'appelle pas ça sortir. C'est à deux pas. Il avait juste la place des Vosges à traverser.

— Autrement, vous étiez ensemble du matin au soir?

— A peu près. J'allais faire mon marché, bien entendu, mais toujours dans le quartier. Une fois au bout d'une lune, il m'arrivait d'aller dans le centre de la ville pour quelques achats. Je ne suis pas très coquette, vous avez pu vous en rendre compte.

— Vous n'alliez jamais voir de la famille?

— Je n'ai que ma mère et ma sœur, à Concarneau, et il a fallu le hasard d'un faux télégramme pour que je leur rende visite.

On aurait dit que quelque chose chiffonnait Maigret.

— Il n'y avait pas de jour fixe où vous sortiez?

Elle semblait de son côté, faire un effort pour saisir sa pensée et pour y répondre.

— Non. A part le jour de lessive, évidemment.

— Parce que vous ne faites pas la lessive ici?

— Où la ferais-je? Je dois aller chercher l'eau au rez-de-chaussée. Je ne peux pas mettre le linge à sécher dans l'atelier et il ne sécherait pas dans un sous-sol. Une fois par semaine, en été, une fois par quinzaine, en hiver, je vais au bateau-lavoir, sur la Seine.

— A quel endroit?

— Square du Vert-Galant. Vous savez, juste en dessous du Pont-Neuf. J'en ai pour une demi-journée. Le lendemain matin, je vais rechercher le linge qui est sec, prêt à repasser.

Maigret, visiblement, se détendait, fumait sa pipe avec plus de plaisir, le regard devenu plus vif.

— En somme, un jour par semaine en été, un jour par quinzaine en hiver, Frans était seul ici.

— Pas toute la journée.

— Alliez-vous au bateau-lavoir le matin, ou l'après-midi ?

— L'après-midi. J'ai essayé d'y aller le matin, mais c'était difficile, à cause du ménage et de la cuisine.

— Vous aviez une clef de la maison ?

— Naturellement.

— Avez-vous eu souvent à vous en servir ?

— Que voulez-vous dire ?

— Vous est-il arrivé, en rentrant, de ne pas trouver votre mari dans l'atelier ?

— Rarement.

— C'est arrivé ?

— Je crois. Oui.

— Récemment ?

Elle venait d'y penser aussi, car elle hésitait.

— La semaine de mon départ pour Concarneau.

— Quel est votre jour de lessive ?

— Le lundi.

— Il est rentré longtemps après vous ?

— Pas longtemps. Peut-être une heure.

— Vous lui avez demandé où il était allé ?

— Je ne lui demande jamais rien. Il est libre. Ce n'est pas à moi à lui poser des questions.

— Vous ne savez pas s'il avait quitté le quartier ? Vous ne vous êtes pas inquiétée ?

— J'étais sur le seuil quand il est revenu. Je l'ai vu descendre de l'autobus au coin de la rue des Francs-Bourgeois.

— L'autobus venant du centre ou de la Bastille ?

— Du centre.

— Autant que j'en puisse juger d'après cette photo, les deux frères sont de la même taille?

— Oui. Alfred paraît plus maigre, parce qu'il a le visage mince, mais son corps est plus musclé. Ils ne se ressemblent pas de physionomie, sauf qu'ils ont les cheveux roux tous les deux. De dos, cependant, la ressemblance est frappante et il m'est arrivé de les prendre l'un pour l'autre.

— Les fois que vous avez vu Alfred, comment était-il habillé?

— Cela dépendait, je vous l'ai déjà dit.

— Croyez-vous qu'il lui soit arrivé d'emprunter de l'argent à son frère?

— J'y ai pensé, mais cela ne me paraît pas probable. Pas devant moi, en tout cas.

— Lors de sa dernière visite, ne portait-il pas un complet bleu?

Elle le regarda dans les yeux. Elle avait compris.

— Je suis presque sûre qu'il portait un vêtement sombre, mais plutôt gris que bleu. A vivre dans la lumière artificielle, on ne fait plus attention aux couleurs.

— Comment vous arrangiez-vous pour l'argent, votre mari et vous?

— Quel argent?

— Il vous remettait chaque mois l'argent du ménage?

— Non. Quand je n'en avais plus, je lui en demandais.

— Il ne protestait jamais.

Elle devint un peu rose.

— Il était distrait. Il avait toujours l'impression de m'avoir remis de l'argent la veille. Alors il disait, étonné :

» — Encore!

— Et pour vos effets personnels, pour vos robes, vos chapeaux ?

— Je dépense si peu, vous savez!

Elle lui posa des questions à son tour, comme si elle avait attendu ce moment-là depuis longtemps.

— Écoutez, monsieur le commissaire, je ne suis pas très intelligente, mais je ne suis pas tellement bête. Vous m'avez interrogée, vos inspecteurs m'ont interrogée, les journalistes aussi, sans compter les fournisseurs et les gens du quartier. Un petit jeune homme de dix-sept ans, qui joue les détectives amateurs, m'a même arrêtée dans la rue et m'a lu des questions préparées dans un petit carnet.

» Avant tout, répondez-moi franchement : croyez-vous que Frans soit coupable?

— Coupable de quoi?

— Vous le savez bien : d'avoir tué un homme et d'avoir brûlé le corps dans le calorifère.

Il hésita. Il aurait pu lui dire n'importe quoi, mais il tenait à être sincère.

— Je n'en sais rien.

— Dans ce cas, pourquoi le garde-t-on en prison?

— D'abord ce n'est pas de moi que cela dépend, mais du juge d'instruction. Ensuite il ne faut pas perdre de vue que toutes les charges matérielles sont contre lui.

— Les dents! riposta-t-elle avec ironie.

— Et surtout les taches de sang sur le complet bleu. N'oubliez pas non plus la valise qui a disparu.

— Et que je n'ai jamais vue!

— Peu importe. D'autres l'ont vue, un inspecteur à tout le moins. Il y a encore le fait que, comme par hasard, vous avez été appelée en province à ce moment-là par un faux télégramme. Maintenant, entre nous, j'ajoute que, si c'était de mon ressort, j'aimerais mieux avoir votre mari en liberté, mais que j'hésiterais à le relâcher, pour son bien. Vous avez vu ce qui s'est passé hier ?

— Oui. C'est justement à quoi je pense.

— Qu'il soit coupable ou innocent, il semble y avoir des gens qu'il gêne.

— Pourquoi m'avez-vous apporté la photographie de son frère ?

— Parce que contrairement à ce que vous pensez, celui-ci est un assez dangereux malfaiteur.

— Il a tué ?

— C'est improbable. Ces sortes d'hommes tuent rarement. Mais il est recherché par la police de trois ou quatre pays et il y a plus de quinze ans qu'il vit de vols et d'escroquerie. Cela vous étonne ?

— Non.

— Vous y aviez déjà pensé ?

— Quand Frans m'a dit que son frère était malheureux, j'ai cru comprendre qu'il n'employait pas le mot malheureux dans son sens habituel. Vous pensez qu'Alfred aurait été capable de *kidnapper* un enfant ?

— Je vous réponds une fois encore que je n'en sais rien. Au fait, avez-vous déjà entendu parler de la comtesse Panetti ?

— Qui est-ce ?

— Une Italienne fort riche qui vivait au *Claridge.*

— Elle a été tuée aussi ?

— C'est possible, comme il est possible qu'elle soit simplement en train de passer la saison du

Carnaval à Cannes ou à Nice. Je le saurai ce soir. Je voudrais jeter un coup d'œil, une fois encore, aux livres de comptes de votre mari.

— Venez. J'ai des tas de questions à vous poser, qui ne se présentent pas à mon esprit. C'est quand vous n'êtes pas là que j'y pense. Je devrais les noter, comme le jeune homme qui joue au détective.

Elle le fit passer devant elle dans l'escalier, alla prendre dans un rayon un gros livre noir que la police avait examiné cinq ou six fois.

Tout à la fin, un index comportait le nom des clients anciens ou nouveaux du relieur par ordre alphabétique. Le nom de Panetti n'y figurait pas. Celui de Krynker non plus.

Steuvels avait une écriture menue, hachée, avec des lettres qui se chevauchaient, une étrange façon de faire les *r* et les *t*.

— Vous n'avez jamais entendu le nom de Krynker ?

— Pas que je me souvienne. Voyez-vous, nous vivions ensemble toute la journée, mais je ne me reconnaissais pas le droit de lui poser des questions. Vous semblez parfois oublier, monsieur le commissaire, que je ne suis pas une femme comme une autre. Rappelez-vous où il m'a prise. Son geste m'a toujours étonnée. Et, maintenant, l'idée me vient tout à coup, à cause de notre conversation, que, s'il a fait ça, c'est peut-être en pensant à ce que sa mère avait été.

Maigret, comme s'il n'écoutait plus, marchait à grands pas vers la porte, l'ouvrait d'un mouvement brusque et attrapait Alfonsi par le col de son pardessus en poil de chameau.

— Viens ici, toi. Tu recommences. Tu as décidé de passer tes journées sur mes talons ?

L'autre essaya de crâner, mais la poigne du commissaire lui serrait le collet, le secouait comme un mannequin.

— Qu'est-ce que tu fais ici, veux-tu me le dire ?

— J'attendais que vous soyez parti.

— Pour venir embêter cette femme?

— C'est mon droit. Du moment qu'elle accepte de me recevoir...

— Qu'est-ce que tu cherches ?

— Demandez-le à Me Liotard ?

— Liotard ou pas Liotard, je t'avertis d'une chose : la première fois que je te trouve sur mes talons, je te fais boucler pour vagabondage spécial, tu entends !

Ce n'était pas une menace en l'air. Maigret n'ignorait pas que la femme avec qui vivait Alfonsi passait la plupart de ses nuits dans les cabarets de Montmartre et qu'elle n'hésitait pas à suivre à l'hôtel les étrangers de passage.

Quand il revint vers Fernande, il était comme soulagé, et on voyait la silhouette de l'ex-inspecteur filer sous la pluie vers la place des Vosges.

— Quel genre de questions vous pose-t-il ?

— Toujours les mêmes. Il veut savoir ce que vous me demandez, ce que je vous ai répondu, à quoi vous vous intéressez, les objets que vous avez examinés.

— Je pense qu'il vous laissera tranquille dorénavant.

— Vous croyez que Me Liotard fait du tort à mon mari ?

— En tout cas, au point où nous en sommes, il n'y a qu'à le laisser faire.

Il dut redescendre, car il avait oublié la photographie de Moss sur la table de la cuisine. Au lieu de se diriger vers le quai des Orfèvres, il traversa la rue et pénétra dans l'échoppe du cordonnier.

Celui-ci, à neuf heures du matin, avait déjà plusieurs verres dans le nez et sentait le vin blanc.

— Alors, monsieur le commissaire, ça boulotte ?

Les deux boutiques étaient exactement en face l'une de l'autre. Le cordonnier et le relieur, quand ils levaient les yeux, ne pouvaient pas ne pas se voir, chacun penché sur son travail, avec seulement la largeur de la rue entre eux.

— Vous vous souvenez de quelques clients du relieur ?

— De quelques-uns, oui.

— De celui-ci ?

Il lui mit la photographie sous le nez pendant que Fernande, en face, les observait avec inquiétude.

— Je l'appelle le clown.

— Pourquoi ?

— Je ne sais pas. Parce que je trouve qu'il a une tête de clown.

Soudain, il se gratta la tête, parut faire une découverte réjouissante.

— Dites donc, payez-moi un verre et je crois que je vais vous en donner pour votre argent. Une chance que vous m'ayez montré ce portrait-là. Je vous ai parlé de clown et le mot m'a fait penser brusquement à une valise. Pourquoi ? Mais oui ! Parce que les clowns ont l'habitude d'entrer en piste avec une valise.

— Ce sont plutôt les augustes.

— Auguste ou clown, c'est la même chose. On va boire le coup ?

— Après.

— Vous vous méfiez ? Vous avez tort. Franc comme l'or, c'est ce que je dis toujours. Eh bien ! votre type, c'est sûrement l'homme à la valise.

— Quel homme à la valise ?

Le cordonnier lui adressa un clin d'œil qui voulait être malin.

— Vous n'allez pas jouer au plus fin avec moi, non ? Je ne lis pas les journaux, non ? Alors de quoi était-il question dans les journaux, les premiers temps ? N'est-on pas venu me demander si je n'avais pas vu Frans sortir avec une valise, ou sa femme, ou quelqu'un d'autre ?

— Et vous avez vu l'homme de la photo sortir avec la valise ?

— Pas ce jour-là. Enfin cela ne m'a pas frappé. Mais je pense aux autres fois.

— Il venait souvent ?

— Souvent, oui.

— Une fois par semaine, par exemple ? Ou par quinzaine ?

— C'est possible. Je ne veux pas inventer, car je ne connais pas la musique que les avocats me feront le jour où l'affaire passera aux assises. Il venait souvent, voilà ce que je dis.

— Le matin ? L'après-midi ?

— Je réponds : l'après-midi. Savez-vous pourquoi ? Parce que je me souviens l'avoir vu quand les lampes étaient allumées, donc l'après-midi. Il arrivait toujours avec une petite valise.

— Brune ?

— Probablement. Est-ce que la plupart des valises ne sont pas brunes ? Il s'asseyait dans un coin de l'atelier, attendait que le travail soit fini et repartait avec la valise.

— Cela durait longtemps ?

— Je ne sais pas. Sûrement plus d'une heure. Parfois j'avais l'impression qu'il restait là tout l'après-midi.

— Il venait à jour fixe?

— Je ne sais pas non plus.

— Réfléchissez avant de répondre. Avez-vous déjà vu cet homme dans l'atelier en même temps que Mme Steuvels?

— En même temps que Fernande? Attendez. Cela ne me revient pas. Une fois, en tout cas, les deux hommes sont partis ensemble, et Frans a fermé sa boutique.

— Récemment?

— Il faudra que j'y réfléchisse. Quand est-ce qu'on va boire le coup?

Force fut à Maigret de le suivre au *Grand Turenne* où le cordonnier prit des allures triomphantes.

— Deux vieux marcs. C'est la tournée du commissaire!

Il en but trois coup sur coup et voulait recommencer son histoire de clown, quand Maigret parvint à s'en débarrasser. Lorsqu'il passa devant l'atelier du relieur, Fernande, à travers la vitre, le regardait d'un air de reproche.

Mais il devait accomplir sa tâche jusqu'au bout. Il pénétra dans la loge de la concierge, occupée à éplucher des pommes de terre.

— Tiens! on vous revoit dans le quartier! lança-t-elle avec aigreur, vexée qu'on l'eût longtemps délaissée.

— Vous connaissez cet homme?

Elle alla prendre des lunettes dans le tiroir.

— Je ne sais pas son nom, si c'est cela que vous

voulez, mais je l'ai déjà vu. Le cordonnier ne vous a-t-il pas renseigné ?

Elle était jalouse que d'autres aient été questionnés avant elle.

— Vous l'avez vu souvent ?

— Je l'ai vu, c'est tout ce que je sais.

— C'était un client du relieur ?

— Il faut croire, puisqu'il fréquentait sa boutique.

— Il n'est pas venu à d'autres occasions ?

— Je pense qu'il lui est arrivé de dîner chez eux, mais je m'occupe si peu de mes locataires !

La papeterie d'en face, le cartonnier, la marchande de parapluies, la routine, enfin, toujours la même question, le même geste, le portrait que les gens examinaient gravement. Certains hésitaient. D'autres avaient vu l'homme, sans se rappeler où ni dans quelles circonstances.

Au moment de quitter le quartier, Maigret eut l'idée de pousser une fois de plus la porte du *Tabac des Vosges*.

— Vous avez déjà vu cette tête-là, patron ?

Le marchand de vin n'hésita pas.

— L'homme à la valise ! dit-il.

— Expliquez.

— Je ne sais pas ce qu'il vend, mais il doit faire du porte-à-porte. Il est venu assez souvent, toujours un peu après le déjeuner. Il prenait un vichy-fraise et il m'a expliqué qu'il avait un ulcère à l'estomac.

— Il restait longtemps ?

— Parfois un quart d'heure, parfois plus. Tenez, il se mettait toujours à cette place, près de la vitre.

D'où on pouvait observer le coin de la rue de Turenne !

— Il devait attendre l'heure de son rendez-vous avec un client. Une fois, il n'y a pas très longtemps, il est resté près d'une heure et a fini par demander un jeton de téléphone.

— Vous ne savez pas qui il a appelé?

— Non. Quand il est revenu, cela a été pour repartir tout de suite.

— Dans quelle direction?

— Je n'ai pas fait attention.

Comme un reporter entrait, le patron demanda à mi-voix à Maigret :

— On peut en parler?

Celui-ci haussa les épaules. Il était inutile de faire des mystères, maintenant que le cordonnier était au courant.

— Si vous voulez.

Lorsqu'il pénétra dans le bureau de Lucas, celui-ci se débattait entre deux appareils téléphoniques, et Maigret dut attendre un bon moment.

— Je suis toujours à courir après la comtesse, soupira le brigadier en s'épongeant. La Compagnie des Wagons-Lits, qui la connaît fort bien, ne l'a pas vue depuis plusieurs mois sur une de ses lignes. J'ai eu au bout du fil la plupart des grands hôtels de Cannes, de Nice, d'Antibes et de Villefranche. Rien. J'ai eu aussi les casinos, où elle n'a pas mis les pieds. Lapointe, qui parle l'anglais, est en train de téléphoner à Scotland Yard et je ne sais plus qui s'occupe des Italiens.

Avant de se rendre chez le juge Dossin, Maigret alla dire bonjour à Moers là-haut, et lui rendre les photographies inutiles.

— Pas de résultats? questionna le pauvre Moers.

— Un sur trois, ce n'est pas mal, il ne reste

plus qu'à mettre la main sur les deux autres, mais il est possible que ceux-là n'aient jamais passé à l'anthropométrie.

A midi, on n'avait toujours pas retrouvé la trace de la comtesse Panetti, et deux journalistes italiens, alertés, attendaient, fort agités, à la porte du bureau de Maigret.

CHAPITRE

7

LE DIMANCHE DE MAIGRET

Mme MAIGRET AVAIT été un peu surprise quand le samedi, vers trois heures, son mari lui avait téléphoné pour lui demander si le dîner était au feu.

— Pas encore. Pourquoi ?... Comment dis-tu ? Moi, je veux bien, évidemment. Si tu es sûr que tu seras libre. Sûr, sûr ? C'est entendu. Je m'habillerai. J'y serai. Près de l'horloge, oui. Non, pas de choucroute pour moi, mais je mangerai volontiers une potée lorraine. Hein ? Tu ne plaisantes pas ? Tu es sérieux, Maigret ? Où je veux ? C'est trop beau pour être vrai et je prévois que tu vas me rappeler d'ici une heure pour m'annoncer que tu ne rentreras ni dîner ni coucher. Enfin ! Je me prépare quand même !

Si bien qu'au lieu de sentir la cuisine, ce samedi-là, l'appartement du boulevard Richard-Lenoir avait senti le bain, l'eau de Cologne et le parfum un peu sucré que Mme Maigret réservait pour les grands jours.

Maigret était au rendez-vous, presque à l'heure,

à cinq minutes près, au restaurant alsacien de la rue d'Enghien où ils allaient parfois dîner et, détendu, avec l'air de penser aux mêmes choses que les autres hommes, il avait mangé une choucroute comme il les aimait.

— Tu as choisi le cinéma ?

Car, c'était ce qui avait rendu Mme Maigret si incrédule tout à l'heure au téléphone, il l'avait invitée à passer la soirée dans le cinéma qu'elle voudrait.

Ils allèrent au *Paramount*, boulevard des Italiens, et le commissaire fit la queue sans grogner pour les tickets, vida en passant sa pipe dans un énorme crachoir.

Ils entendirent les orgues électriques, virent l'orchestre jaillir du sol sur une plate-forme, tandis qu'un rideau se transformait en une sorte de coucher de soleil synthétique. Ce n'est qu'après les dessins animés que Mme Maigret comprit. On venait de projeter des extraits du prochain film, puis de courtes bandes publicitaires pour un déjeuner sucré et des meubles à crédit.

La Préfecture de Police nous communique...

C'était la première fois qu'elle voyait cette mention sur un écran et, tout de suite après, on projeta une photographie anthropométrique de face, puis de profil, celle d'Alfred Moss, dont on énumérait les identités successives.

Toute personne ayant rencontré cet homme au cours des deux derniers mois est priée de téléphoner d'urgence à...

— C'était pour ça ? dit-elle, une fois dans la rue, alors qu'ils faisaient une partie du chemin de retour à pied pour prendre l'air.

— Pas seulement pour ça. L'idée d'ailleurs, n'est pas de moi. Il y a longtemps qu'elle a été proposée au préfet, mais on n'avait pas encore eu l'occasion de la réaliser. Moers avait remarqué que les photos publiées par les journaux sont toujours plus ou moins déformées, à cause de la trame des clichés, de l'encrage. Le cinéma, au contraire, en agrandissant les moindres caractéristiques, frappe davantage.

— Enfin, que ce soit pour ça, ou pour autre chose, j'en ai profité. Il y a combien de temps que cela ne nous était pas arrivé ?

— Trois semaines ? fit-il, sincère.

— Exactement deux mois et demi !

Ils s'étaient un peu chamaillés, pour jouer. Et, le matin, à cause du soleil, qui était à nouveau brillant et printanier, Maigret avait chanté dans son bain. Il avait fait tout le trajet à pied jusqu'au Quai, par les rues presque désertes, et c'était toujours un plaisir de trouver les larges couloirs de la P. J. avec les portes ouvertes sur des bureaux inoccupés.

Lucas venait à peine d'arriver. Torrence était là aussi, ainsi que Janvier ; le petit Lapointe ne tarda pas à se montrer mais, parce que c'était dimanche, on avait l'air de travailler en amateurs. Peut-être aussi, parce que c'était dimanche, on laissait les portes ouvertes entre les bureaux et, de temps en temps, en guise de musique, on avait les cloches des églises du quartier.

Lapointe avait été le seul à apporter un renseignement nouveau. La veille, avant de partir, Maigret, lui avait demandé :

— Au fait, où habite le jeune journaliste qui fait la cour à ta sœur ?

— Il ne la lui fait plus. Vous parlez d'Antoine Bizard.

— Ils sont brouillés ?

— Je ne sais pas. Peut-être a-t-il peur de moi?

— Je voudrais son adresse.

— Je ne la connais pas. Je sais où il prend la plupart de ses repas et je doute que ma sœur en sache davantage. Je me renseignerai au journal.

En arrivant, il avait tendu un bout de papier à Maigret. C'était l'adresse en question, rue de Provence, dans le même immeuble que Philippe Liotard.

— C'est bien, mon petit. Merci, avait dit simplement le commissaire sans ajouter de commentaires.

S'il avait fait un peu plus chaud, il aurait retiré son veston, pour être en bras de chemise, comme les gens qui bricolent le dimanche, car c'était justement de bricoler qu'il avait envie. Toutes ses pipes étaient rangées sur son bureau et il avait tiré de sa poche son gros calepin noir qu'il bourrait toujours de notes, mais qu'il ne consultait pour ainsi dire jamais.

Deux ou trois fois, il avait jeté au panier les grandes feuilles de papier sur lesquelles il avait crayonné. Tracé des colonnes pour commencer. Puis changé d'avis.

En fin de compte, son travail avait pris tournure.

Jeudi 15 février. — La comtesse Panetti, en compagnie de sa femme de chambre, Gloria Lotti, quitte le Claridge *dans la Chrysler chocolat de son gendre Krynker.*

La date avait été confirmée par le concierge de jour. Quant à l'auto, le renseignement avait été fourni par un des voituriers de l'hôtel qui avait indiqué l'heure du départ à sept heures du soir. Il avait ajouté que la vieille dame paraissait soucieuse et que son gendre la pressait, comme s'ils allaient rater un train ou un rendez-vous important.

Toujours pas de traces de la comtesse. Il alla s'en assurer dans le bureau de Lucas, qui continuait à recevoir des rapports de partout.

Les journalistes italiens, la veille, s'ils n'avaient obtenu à la P. J. que peu d'indications, en avaient fourni quelques-unes, ils connaissaient, en effet, la comtesse Panetti. Le mariage de sa fille unique. Bella, avait fait beaucoup de bruit en Italie, car, faute du consentement de sa mère, la jeune fille s'était enfuie de chez elle pour aller se marier à Monte-Carlo.

Il y avait cinq ans de cela, et depuis les deux femmes ne se voyaient pas.

— Si Krynker était à Paris, disaient les journalistes italiens, c'était probablement pour tenter, une fois de plus, un rapprochement.

Vendredi 16 février. — Gloria Lotti, qui porte le chapeau blanc de la comtesse, se rend à Concarneau, d'où elle envoie un télégramme à Fernande Steuvels et d'où elle revient la nuit même sans avoir rencontré personne.

En marge, Maigret s'était amusé à dessiner un chapeau de femme avec un bout de voilette.

Samedi 17 février. — A midi, Fernande quitte la rue de Turenne et part pour Concarneau. Son mari ne l'accompagne pas à la gare. Vers quatre heures, un client vient rechercher un travail commandé et trouve Frans Steuvels dans son atelier, où rien ne paraît anormal. Questionné au sujet de la valise, il ne se souvient pas l'avoir vue.

A huit heures et quelques minutes, trois personnages, dont Alfred Moss, et probablement celui qui, rue Lepic, s'inscrira sous le nom de Levine, se font conduire en taxi de la gare Saint-Lazare à l'angle de la rue de Turenne et de la rue des Francs-Bourgeois.

La concierge, un peu avant neuf heures, entend frapper à la porte de Steuvels. Elle a l'impression que les trois hommes sont entrés.

En marge, au crayon rouge, il écrivit : *Le troisième personnage est-il Krynker ?*

Dimanche 18 février. — Le calorifère, éteint les derniers temps, a fonctionné toute la nuit, et Frans Steuvels doit faire au moins cinq voyages dans la cour pour porter les cendres aux poubelles.

Mlle Béguin, la locataire du quatrième, a été incommodée par la fumée « qui avait une drôle d'odeur ».

Lundi 19 février. — Le calorifère fonctionne toujours. Le relieur est seul chez lui toute la journée.

Mardi 20 février. — La P. J. reçoit un avis anonyme parlant d'un homme brûlé dans le calo-

rifère du relieur. Fernande revient de Concarneau.

Mercredi 21 février. — Visite de Lapointe rue de Turenne. Il voit la valise à la poignée réparée à l'aide de ficelle, sous une table de l'atelier. Lapointe quitte l'atelier vers midi. Déjeune avec sa sœur et lui parle de l'affaire. Mlle Lapointe rencontre-t-elle son amoureux, Antoine Bizard, qui habite la même maison que l'avocat sans causes Liotard ? ou lui téléphone-t-elle ?

Dans l'après-midi, avant cinq heures, l'avocat passe rue de Turenne sous prétexte de commander un ex-libris.

Quand Lucas perquisitionne, à cinq heures, la valise a disparu.

Interrogatoire de Steuvels à la P. J. — Vers la fin de la nuit, il désigne Me Liotard comme son avocat.

Maigret alla faire un petit tour, jeta un coup d'œil sur les notes que les inspecteurs prenaient au téléphone. Il n'était pas encore temps de faire monter de la bière et il se contenta de bourrer une nouvelle pipe.

Jeudi 22 février.
Vendredi 23 février.
Samedi...

Toute une colonne de dates, avec rien en regard, sinon que l'enquête piétinait, que les journaux se déchaînaient, que Liotard, rageur comme un roquet, s'attaquait à la police en général et à Maigret en particulier. La colonne se droite restait vide jusqu'au *:*

*Dimanche 10 mars. — Un nommé Levine loue une chambre à l'*Hôtel Beauséjour, *rue Lepic, et s'y installe avec un garçonnet de deux ans environ.*

Gloria Lotti, qui passe pour la nurse, s'occupe de l'enfant, qu'elle conduit chaque matin prendre l'air place d'Anvers pendant que Levine dort.

Elle ne couche pas à l'hôtel, qu'elle quitte très tard dans la nuit, au retour de Levine.

Lundi 11 mars. — Idem.

*Mardi 12 mars. — Neuf heures et demie. Gloria et l'enfant quittent comme d'habitude l'*Hôtel Beauséjour. *Dix heures et quart : Moss se présente à l'hôtel et demande Levine. Celui-ci boucle aussitôt ses bagages et les descend pendant que Moss reste seul dans la chambre.*

Onze heures moins cinq : Gloria aperçoit Levine et quitte précipitamment l'enfant qui reste à la garde de Mme Maigret.

Un peu après onze heures, elle entre au Beauséjour *avec son compagnon. Ils retrouvent Moss et discutent tous les trois pendant plus d'une heure. Moss part le premier. A midi quarante-cinq, Gloria et Levine quittent l'hôtel, et Gloria monte seule dans un taxi.*

Elle repasse square d'Anvers et reprend l'enfant.

Elle se fait conduire à la porte de Neuilly, puis donne comme adresse la gare Saint-Lazare et s'arrête brusquement place Saint-Augustin, où elle monte dans un autre taxi.

Elle descend de celui-ci, toujours avec le gamin, au coin du faubourg Montmartre et des Grands Boulevards.

La page était pittoresque, car Maigret l'agrémentait de dessins qui ressemblaient à des dessins d'enfant.

Sur une autre feuille, il nota la date à laquelle on perdait la trace des divers personnages.

Comtesse Panetti. — 16 février.

Le voiturier du *Claridge* l'avait vue le dernier, quand elle est montée dans la Chrysler chocolat de son gendre.

Krynker ?

Maigret hésitait à inscrire la date du samedi 17 février, car on n'avait aucune preuve qu'il était le troisième personnage déposé par le taxi au coin de la rue de Turenne.

Si ce n'était pas lui, sa trace s'évanouissait en même temps que celle de la vieille dame.

Alfred Moss. — Mardi 12 mars.

Il avait été le premier à quitter l'*Hôtel Beauséjour*, vers midi.

Levine. — Mardi 12 mars.

Une demi-heure après le précédent, alors qu'il mettait Gloria en taxi.

Gloria et l'enfant. — Même date.

Deux heures plus tard dans la foule, au carrefour Montmartre.

On était le dimanche 17 mars. Depuis le 12, il n'y avait à nouveau rien à signaler. L'enquête, seulement.

Ou, plutôt, il restait une date à noter, qu'il ajouta à la colonne :

Vendredi 15 mars. — Quelqu'un, dans le métro, essaye (?) de verser du poison dans le dîner préparé pour Frans Steuvels.

Mais cela restait douteux. Les experts n'avaient découvert aucune trace de poison. Dans l'état d'énervement où Fernande se trouvait ces derniers temps, elle avait fort bien pu prendre la maladresse d'un voyageur pour un geste équivoque.

En tout cas, ce n'était pas Moss qui revenait à la surface, car elle l'aurait reconnu.

Levine ?

Et si, au lieu de poison, c'était un message qu'on avait tenté de glisser dans la casserole ?

Maigret, qu'un rayon de soleil atteignait au visage, fit encore quelques petits dessins, en clignant des yeux, puis il alla regarder un train de bateaux qui passait sur la Seine, le pont Saint-Michel, que franchissaient des familles endimanchées.

Mme Maigret avait dû se recoucher, comme elle le faisait parfois le dimanche, uniquement pour que ce soit dimanche davantage, car elle était incapable de se rendormir.

— Janvier ! Si on commandait de la bière ?

Janvier téléphona à la *Brasserie Dauphine*, dont le patron demanda tout naturellement :

— Et des sandwiches ?

Par un coup de téléphone timide, Maigret apprit que le juge Dossin, scrupuleux, était à son bureau, lui aussi, sans doute, comme le commissaire, pour faire le point à tête reposée.

— Vous n'avez toujours pas de nouvelles de l'auto ?

C'était amusant de penser que, par ce beau dimanche qui sentait le printemps, il y avait, dans les villages, à la sortie des messes et des petits cafés, de braves gendarmes qui épiaient les voitures et qui cherchaient la Chrysler chocolat.

— Je peux voir, patron ? questionna Lucas, venu faire un petit tour chez Maigret entre deux appels téléphoniques.

Il examina attentivement le travail du commissaire, hocha la tête.

— Pourquoi ne me l'avez-vous pas demandé ? J'ai dressé le même tableau, en plus complet.

— Mais sans les petits dessins ! plaisanta Maigret. Qu'est-ce qui donne le plus, au téléphone ? Les autos ? Moss ?

— Les autos, pour le moment. Beaucoup de voitures chocolat. Malheureusement, quand j'insiste, elles ne sont plus tout à fait chocolat, deviennent marron, ou bien ce sont des Citroën, des Peugeot. On vérifie quand même. La banlieue commence à appeler et cela arrive de plus loin, d'une centaine de kilomètres de Paris.

Tout à l'heure, grâce à la radio, la France entière s'y mettrait. Il n'y avait plus qu'à attendre, et ce n'était pas tellement désagréable. Le garçon de la brasserie apporta un immense plateau couvers de demis, de piles de sandwiches, et il y avait des chances qu'il fasse d'autres voyages ce jour-là.

On était justement à manger et à boire, et on

venait d'ouvrir les fenêtres, car le soleil était tiède, quand on vit Moers entrer en battant des paupières, comme s'il sortait d'un endroit obscur.

On ne le savait pas dans la maison, où, théoriquement, il n'avait rien à faire. Il arrivait de là-haut pourtant, où il devait se trouver seul dans les laboratoires.

— Je vous demande pardon de vous déranger.

— Un verre de bière? Il en reste un.

— Non, merci. En m'endormant, une idée m'a tracassé. On a tellement pensé que le complet bleu appartenait sans contestation à Steuvels qu'on ne l'a étudié que du point de vue des taches de sang. Comme le costume est toujours là-haut, je suis venu, ce matin, pour l'analyse des poussières.

C'était une routine, en effet, à laquelle dans le cas présent, personne n'avait pensé. Moers avait enfermé chaque pièce de vêtement dans un sac en fort papier qu'il avait battu longuement, afin de faire sortir du tissu les moindres poussières.

— Tu as trouvé quelque chose?

— De la sciure de bois, très fine, en quantité remarquable. Je dirais plutôt de la poudre de bois.

— Comme dans une scierie?

— Non. La sciure serait moins fine, moins pénétrante. La poudre est produite par des travaux délicats.

— Des travaux d'ébénisterie, par exemple?

— Peut-être. Je n'en suis pas sûr. C'est encore plus fin, à mon avis, mais je voudrais, avant de me prononcer, en parler demain au chef du laboratoire.

Sans attendre la fin, Janvier avait saisi un volume du Bottin et il était en train d'étudier toutes les adresses de la rue de Turenne.

On y trouvait les corps de métiers les plus divers, quelques-uns inattendus, mais, comme par hasard, cela se rapportait presque toujours aux métaux, ou aux cartonnages.

— Je voulais simplement vous dire ça en passant. Je ne sais pas si cela peut servir.

Maigret non plus. Dans une enquête comme celle-ci, on ne prévoit jamais ce qui pourra servir. En tout cas, cela renforçait plutôt l'affirmation de Frans Steuvels, qui avait toujours nié être le propriétaire du complet bleu.

Mais alors, pourquoi avait-il un pardessus bleu, assez mal choisi pour accompagner un complet brun ?

Téléphone ! Parfois, six appareils marchaient en même temps, et le standardiste ne savait où donner de la tête, car il n'y avait pas assez de monde pour prendre les communications.

— Qu'est-ce que c'est ?

— Lagny.

Maigret y était allé autrefois. C'est une petite ville au bord de la Marne, avec beaucoup de pêcheurs à la ligne, et des canoës vernis. Il ne savait plus quelle affaire l'avait conduit là-bas, mais c'était l'été et il avait bu un petit vin blanc dont le souvenir persistait.

Lucas prenait les notes, faisait signe au commissaire que cela paraissait sérieux.

— Nous tenons peut-être un bout, soupira-t-il en raccrochant. C'est la gendarmerie de Lagny qui téléphone. Depuis un mois, ils sont assez excités, là-bas, par une histoire de voiture tombée dans la Marne.

— Elle est tombée dans la Marne il y a un mois ?

— A ce que j'ai saisi, oui. Le brigadier que j'ai eu à l'appareil voulait tellement expliquer et fournir des détails qu'à la fin je n'y comprenais plus rien. En plus, il me citait des noms que je ne connais pas, comme s'il s'agissait de Jésus-Christ ou de Pasteur, revenait sans cesse à la mère Hébart ou Hobart, qui est ivre tous les soirs, mais qui, paraît-il, est incapable d'inventer.

» En bref, il y a un mois environ...

— Il t'a dit la date exacte ?

— Le 15 février.

Maigret, tout fier d'avoir à s'en servir, consulta la liste qu'il venait d'établir.

15 février : La comtesse Panetti et Gloria quittent le Claridge *à sept heures du soir dans la voiture de Krynker.*

— J'y ai pensé. Vous allez voir que cela paraît sérieux. Cette une vieille femme, donc, qui habite une maison isolée au bord de l'eau et qui, l'été, loue des canots aux pêcheurs, est allée boire à l'estaminet, comme les autres soirs. En rentrant chez elle, elle prétend qu'elle a entendu un grand bruit dans l'obscurité, et qu'elle est sûre que c'était le bruit d'une auto tombant dans la Marne.

» C'était la crue, à ce moment-là. Un petit chemin, qui vient de la grand-route, s'arrête au bord de l'eau et la boue devait le rendre glissant.

— Elle en a parlé tout de suite à la gendarmerie ?

— Elle en a parlé au café, le lendemain. Cela a mis du temps à se répandre. C'est enfin venu aux oreilles d'un gendarme, qui l'a questionnée.

» Le gendarme est allé voir, mais les rives

étaient en partie submergées et le courant si violent que la navigation a dû être interrompue pendant quinze jours. Voilà seulement, paraît-il, que le niveau redevient à peu près normal.

» Je crois surtout qu'on ne prenait pas l'affaire très au sérieux.

» Hier, après qu'ils ont reçu notre appel au sujet de la voiture chocolat, ils ont eu un coup de téléphone de quelqu'un qui habite au coin de la grand-route et du chemin en question, et qui prétend avoir vu, le mois dernier, dans l'obscurité, une auto de cette couleur tourner devant sa maison.

» C'est un marchand d'essence qui était en train de faire le plein pour un client, ce qui explique qu'il était dehors à cette heure-là. »

— Quelle heure?

— Un peu plus de neuf heures du soir.

Il ne faut pas deux heures pour se rendre des Champs-Élysées à Lagny, mais rien n'empêchait Krynker, évidemment, d'avoir fait un détour.

— La suite?

— La gendarmerie a demandé la grue aux Ponts et Chaussées.

— Hier?

— Hier après-midi. Il y a eu du monde à la regarder fonctionner. Toujours est-il que, dans la soirée, ils ont accroché quelque chose, mais la nuit les a empêchés de continuer. On m'a même dit le nom du trou, car tous les trous de la rivière sont connus par les pêcheurs et les gens du pays : il en existe un de dix mètres de profondeur.

— Ils ont repêché la voiture?

— Ce matin. C'est une Chrysler, couleur chocolat, en effet, qui porte un numéro minéralogique des Alpes-Maritimes. Ce n'est pas tout. Il y a un cadavre à l'intérieur.

— D'homme ?

— De femme. Il est terriblement décomposé. La plupart des vêtements ont été arrachés par le courant. Les cheveux sont longs et gris.

— La comtesse ?

— Je ne sais pas. Ils viennent tout juste de faire cette découverte. Le corps est toujours sur la berge, sous une bâche, et ils demandent ce qu'ils doivent faire. Je leur ai répondu que j'allais les rappeler.

Moers était parti quelques minutes plus tôt, car c'était l'homme qui aurait été précieux au commissaire, et on avait peu de chance de le trouver chez lui.

— Tu veux appeler le docteur Paul ?

Celui-ci répondit lui-même.

— Vous n'êtes pas occupé ? Vous n'aviez pas de projets pour la journée ? Cela ne vous ennuierait pas trop que je passe vous prendre et que je vous emmène à Lagny ? Avec votre trousse, oui. Non. Cela ne doit pas être beau. Une vieille femme qui séjourne dans la Marne depuis un mois.

Maigret regarda autour de lui et vit Lapointe détourner la tête en rougissant. Le jeune homme brûlait évidemment du désir d'accompagner le patron.

— Tu n'as pas de bonne amie à voir cet après-midi ?

— Oh ! non, monsieur le commissaire.

— Tu sais conduire ?

— Il y a deux ans que j'ai mon permis.

— Va chercher la Peugeot bleue et attends-moi en bas. Assure-toi qu'il y a de l'essence.

Et, à Janvier, déçu :

— Toi, prends une autre voiture et fais la route au ralenti, en questionnant les garagistes, les marchands de vin, tout ce que tu voudras. Il est possible que quelqu'un d'autre ait remarqué l'auto chocolat. Je te verrai à Lagny.

Il but le verre de bière de rabiot, et, quelques minutes plus tard, la barbe joyeuse du docteur Paul s'installait dans l'auto que Lapointe conduisait fièrement.

— Je prends au plus court ?

— De préférence, jeune homme.

C'était un des premiers beaux jours et il y avait beaucoup de voitures sur la route, avec des familles entassées, des paniers à pique-nique.

Le docteur Paul racontait des histoires d'autopsies qui, dans sa bouche, devenaient aussi drôles que des histoires juives ou des histoires de fous.

A Lagny, ils durent se renseigner, sortir de la petite ville, faire de longs détours avant d'atteindre un coude de la rivière où une grue était entourée de cent personnes pour le moins. Les gendarmes avaient autant de mal qu'un jour de foire. Un lieutenant était sur les lieux, qui parut soulagé en reconnaissant le commissaire.

L'auto chocolat, couverte de boue, d'herbes et de détritus difficiles à identifier, était là, en travers, sur le talus, avec encore de l'eau qui dégoulinait de toutes ses fissures. La carrosserie était déformée, une des vitres brisée, les deux phares étaient en miettes, mais, par extraordinaire, une portière fonctionnait encore, par laquelle on avait retiré le cadavre.

Celui-ci formait, sous une bâche, un petit tas

dont les curieux ne s'approchaient qu'avec un haut-le-cœur.

— Je vous laisse travailler, docteur.

— Ici ?

Le docteur Paul l'aurait fait volontiers. On l'avait vu, son éternelle cigarette à la bouche, pratiquer des autopsies dans les endroits les plus invraisemblables, et même s'interrompre et retirer ses gants de caoutchouc pour manger un morceau.

— Vous pouvez transporter le corps à la gendarmerie, lieutenant ?

— Mes hommes vont s'en charger. Reculez, vous autres. Et les enfants ! Qui est-ce qui laisse des enfants approcher ?

Maigret examinait l'auto, quand une vieille femme le tira par la manche en disant fièrement :

— C'est moi qui l'ai trouvée.

— Vous êtes la veuve Hebart ?

— Hubart, monsieur. La maison que vous apercevez derrière les frênes est la mienne.

— Racontez-moi ce que vous avez vu ?

— Je n'ai rien vu à proprement parler, mais j'ai entendu. Je revenais par le chemin de halage. C'est le chemin où nous sommes.

— Vous aviez beaucoup bu ?

— Juste deux ou trois petits verres.

— Vous étiez où ?

— A cinquante mètres d'ici, plus loin, vers ma maison. J'ai entendu une auto qui arrivait de la grand-route et je me suis dit que c'était encore des braconniers. Car il faisait trop froid pour des amoureux, et par-dessus le marché, il pleuvait. Tout ce que j'ai vu, en me retournant, c'est la lumière des phares.

» Je ne pouvais pas prévoir que cela aurait un

jour de l'importance, vous comprenez ? J'ai continué à marcher et j'ai eu l'impression que l'auto était arrêtée.

— Parce que vous n'entendiez plus le moteur ?

— Oui.

— Vous tourniez le dos au chemin ?

— Oui. Puis j'ai de nouveau entendu le moteur et j'ai pensé que la voiture faisait demi-tour. Pas du tout ! Immédiatement après, il y a eu un grand « plouf » et, quand je me suis retournée, l'auto n'était plus là.

— Vous n'avez pas entendu de cris ?

— Non.

— Vous n'êtes pas revenue sur vos pas ?

— J'aurais dû ? Qu'est-ce que j'aurais pu faire, toute seule ? Cela m'avait impressionnée. J'ai pensé que les pauvres gens étaient noyés et je me suis précipitée chez moi pour boire un bon coup afin de me remettre.

— Vous n'êtes pas restée au bord de l'eau ?

— Non, monsieur.

— Vous n'avez rien entendu après le « plouf » ?

— J'ai cru entendre quelque chose, comme des pas, mais je me suis dit que c'était un lapin que le bruit avait effrayé.

— C'est tout ?

— Vous trouvez que ce n'est pas assez ? Si on m'avait écoutée au lieu de me traiter de vieille folle, il y a longtemps que la dame serait hors de l'eau. Vous l'avez vue ?

Maigret, non sans une moue de dégoût, imagina cette vieille femme contemplant l'autre vieille femme décomposée.

La veuve Hubart se rendait-elle compte qu'elle n'était là que par miracle et que, si la curiosité l'avait poussée à faire demi-tour, ce fameux soir, elle aurait probablement suivi l'autre dans la Marne ?

— Les journalistes ne vont pas arriver ?

C'étaient eux qu'elle attendait, pour avoir son portrait dans les journaux.

Lapointe, couvert de boue, sortait de la Chrysler qu'il avait examinée.

— Je n'ai rien trouvé, dit-il. Les outils sont à leur place dans le coffre arrière, avec le pneu de rechange. Il n'y a pas de bagages, pas de sac à main. Il y avait seulement un soulier de femme coincé dans le fond de la banquette et, dans la boîte du tableau de bord, cette paire de gants et cette torche électrique.

Les gants, en pécari, étaient des gants d'homme autant qu'on en pouvait encore juger.

— File à la gare. Quelqu'un a dû prendre le train ce soir-là. A moins qu'il existe des taxis en ville. Tu me rejoindras à la gendarmerie.

Il préféra attendre dans la cour, en fumant sa pipe, que le docteur Paul, installé dans le garage, eût terminé son travail.

CHAPITRE

8

LA FAMILLE AUX JOUETS

VOUS ÊTES DÉÇU, monsieur Maigret ?

Le jeune Lapointe aurait bien voulu dire patron comme Lucas, Torrence, et la plupart de ceux de l'équipe, mais il se sentait trop nouveau pour cela ; il lui semblait que c'était un privilège qu'il devait acquérir comme on gagne ses galons.

Ils venaient de reconduire le docteur Paul chez lui et rentraient au Quai des Orfèvres, dans un Paris qui leur paraissait plus lumineux après les heures passées à patauger dans l'obscurité de Lagny. Du pont Saint-Michel, Maigret pouvait voir de la lumière dans son propre bureau.

— Je ne suis pas déçu. Je ne m'attendais pas à ce que les employés de la gare se souviennent des voyageurs dont ils ont poinçonné les billets il y a un mois.

— Je me demandais à quoi vous pensiez ?

Il répondit tout naturellement :

— A la valise.

— Je vous jure qu'elle était dans l'atelier quand

je suis allé pour la première fois chez le relieur.

— Je n'en doute pas.

— J'ai la certitude que ce n'était pas la valise que le brigadier Lucas a trouvée l'après-midi dans le sous-sol.

— Je n'en doute pas non plus. Laisse la voiture dans la cour et monte.

On sentait, à l'animation des quelques hommes de garde, qu'il y avait du nouveau et Lucas, en entendant Maigret entrer, ouvrit vivement la porte de son bureau.

— Des renseignements sur Moss, patron. Une jeune fille et son père sont venus tout à l'heure. Ils voulaient vous parler personnellement, mais, après avoir attendu près de deux heures, ils se sont décidés à me faire la commission. La jeune fille est une belle fille de seize ou dix-sept ans, ronde et rose, qui regarde franchement les gens dans les yeux. Le père est un sculpteur qui, si j'ai bien compris, a décroché jadis le prix de Rome. Il y a une autre jeune fille un peu plus âgée et une mère. Ils habitent boulevard Pasteur, où ils travaillent à confectionner des jouets. Ou je me trompe fort, ou la demoiselle a accompagné son père pour l'empêcher de boire en chemin, ce qui paraît son péché mignon. Il porte un grand chapeau noir et une lavallière. C'est chez eux que Moss, sous le nom de Peeters, a passé les derniers mois.

— Il y est toujours?

— S'il y était, j'aurais déjà envoyé des inspecteurs pour l'arrêter ou plutôt j'y serais allé moi-même. Il les a quittés le 12 mars.

— Autrement dit, le jour où Levine, Gloria et l'enfant ont disparu de la circulation après la scène du square d'Anvers.

— Il ne leur a pas annoncé qu'il partait. Il est sorti le matin comme d'habitude et, depuis, n'a plus remis les pieds dans l'appartement. J'ai pensé que vous préféreriez les interroger vous-même. Ah ! autre chose. Philippe Liotard a déjà téléphoné deux fois.

— Que veut-il ?

— Vous parler. Il a demandé que, si vous rentriez avant onze heures du soir, vous l'appeliez à la *Chope du Nègre*.

Une brasserie que Maigret connaissait, boulevard Bonne-Nouvelle.

— Donne-moi la *Chope !*

Ce fut la caissière qui répondit. Elle fit chercher l'avocat.

— C'est vous, commissaire ? Je suppose que vous devez être débordé de travail. L'avez-vous trouvé ?

— Qui ?

— Moss. Je suis allé au cinéma cet après-midi et j'ai compris. Est-ce que vous ne croyez pas qu'une conversation officieuse, en tête à tête, pourrait nous être utile à l'un comme à l'autre ?

Cela se fit par hasard. Un peu plus tôt, dans la voiture, Maigret pensait à la valise. Or, au moment où Liotard lui parlait, le petit Lapointe entrait dans le bureau.

— Vous êtes avec des amis ? demanda le commissaire à Liotard.

— Cela n'a pas d'importance. Quand vous arriverez, je m'en séparerai.

— Votre amie ?

— Oui.

— Personne d'autre ?

— Quelqu'un que vous n'aimez pas beaucoup,

je me demande pourquoi, et qui en est très affecté.

C'était Alfonsi. Ils devaient être à nouveau quatre, les deux hommes et leurs petites amies.

— Vous aurez la patience de m'attendre si j'arrive un peu en retard?

— Je vous attendrai aussi longtemps que vous voudrez. C'est dimanche.

— Dites à Alfonsi que j'aimerais le voir aussi.

— Il sera enchanté.

— A tout à l'heure.

Il alla fermer les deux portes de son bureau, faisant rester Lapointe qui, par discrétion, voulait sortir.

— Viens ici, toi. Assieds-toi. Tu tiens à faire ton chemin dans la police, n'est-ce pas?

— J'y tiens plus qu'à n'importe quoi.

— Tu as fait la bêtise de trop parler, le premier jour, et cela a entraîné des conséquences que tu ne soupçonnes pas encore.

— Je vous demande pardon. J'avais tellement confiance en ma sœur.

— Veux-tu essayer quelque chose de difficile? Un instant. Ne réponds pas trop vite. Il ne s'agit pas d'une action reluisante, qui te vaudra ton nom dans les journaux. Au contraire. Si tu réussis, il n'y aura que nous deux à le savoir. Si tu rates, je serai obligé de te désavouer et de prétendre que tu as fait du zèle en agissant en dehors de mes instructions.

— Je comprends.

— Tu ne comprends rien du tout, mais ça ne fait rien. Si je procédais moi-même à l'opération et que je rate, ce serait toute la police qui serait mise en cause. Tu es assez nouveau dans la maison pour qu'il n'en aille pas de même si c'est toi.

Lapointe ne se tenait pas d'impatience.

— Me Liotard et Alfonsi sont en ce moment à la *Chope du Nègre* où ils m'attendent.

— Vous allez les rejoindre ?

— Pas tout de suite. Je veux d'abord passer boulevard Pasteur et je suis sûr qu'ils ne bougeront pas de la brasserie avant mon arrivée. Mettons que j'aille les retrouver dans une heure au plus tôt. Il est neuf heures. Tu connais le domicile de l'avocat, rue Bergère ? C'est au troisième étage à gauche. Comme un certain nombre de petites femmes habitent la maison, la concierge ne doit pas faire trop attention aux allées et venues.

— Vous voulez que...

— Oui. On t'a appris à ouvrir une porte. Cela ne tire pas à conséquence si tu laisses des traces. Au contraire. Inutile de fouiller les tiroirs et les papiers. Tu dois t'assurer d'une seule chose : que la valise n'est pas là.

— Je n'y avais pas pensé.

— Bon. Il est possible et même probable qu'elle n'y est pas, car Liotard est un garçon prudent. C'est pourquoi tu ne dois pas perdre de temps. De la rue Bergère, tu fileras rue de Douai, où Alfonsi occupe la chambre 33 à l'*Hôtel du Massif-central*.

— Je connais.

— Tu agiras de même. La valise. Rien d'autre. Tu me téléphoneras dès que tu en auras terminé.

— Je peux partir ?

— Va d'abord dans le couloir. Je vais fermer ma porte à clef et tu essaieras de l'ouvrir. Demande les outils à Lucas.

Lapointe ne s'en tira pas trop mal et, quelques

minutes plus tard, il se précipitait dehors, au comble de la joie.

Maigret passa chez les inspecteurs.

— Tu es libre, Janvier?

Les téléphones fonctionnaient toujours, mais, à cause de l'heure, avec moins de virulence.

— Je donnais un coup de main à Lucas, mais...

Ils descendirent tous les deux, et ce fut Janvier qui se mit au volant de la petite auto de la P. J. Un quart d'heure plus tard, ils atteignirent la partie la plus calme, la moins éclairée du boulevard Pasteur, qui, dans la paix d'un beau dimanche soir, avait l'air d'un mail de petite ville.

— Monte avec moi.

Ils demandèrent le sculpteur, qui s'appelait Grossot, et on les envoya au sixième étage. L'immeuble était vieux, mais très décent, probablement habité par des petits fonctionnaires. Quand ils frappèrent à la porte du sixième, des bruits de dispute cessèrent et soudain une jeune fille aux joues pleines ouvrit, s'effaça.

— C'est vous qui êtes venue tout à l'heure à mon bureau?

— C'est ma sœur. Le commissaire Maigret? Entrez. Ne faites pas attention au désordre. Nous finissions seulement de dîner.

Elle les conduisait dans un vaste atelier, au plafond en pente, en partie vitré, au-delà duquel on voyait les étoiles. Il y avait des restes de charcuterie sur une longue table en bois blanc, un litre de vin entamé, une autre jeune fille qui semblait la jumelle de celle qui avait ouvert s'arrangeait les cheveux d'un geste furtif, cependant qu'un homme en veste de velours s'avançait vers les visiteurs avec une solennité exagérée.

— Soyez le bienvenu dans mon modeste logis, monsieur Maigret. J'espère que vous allez me faire l'honneur de trinquer avec moi.

Depuis sa sortie de la P. J., le vieux sculpteur avait dû trouver le moyen de boire autre chose que le vin du repas, car il avait la prononciation difficile, la démarche hésitante.

— Ne faites pas attention, intervint une des filles. Il s'est encore une fois mis dans tous ses états.

Elle disait cela sans aigreur, et c'était un regard affectueux, presque un regard de maman, qu'elle lançait à son père.

Dans les coins les plus sombres de la grande pièce, on devinait des sculptures et il était clair qu'elles étaient là depuis longtemps.

Ce qui était plus récent, ce qui faisait partie de la vie actuelle, c'étaient des jouets en bois découpé qui encombraient les meubles et qui répandaient dans la pièce une bonne odeur de bois frais.

— Quand l'art ne fait plus vivre un homme et sa famille, déclamait Grossot, il n'y a pas de honte, n'est-ce pas ? à demander au commerce le pain de tous les jours.

Mme Grossot parut, qui avait dû aller s'arranger en entendant sonner. C'était une maigre, une triste, aux yeux sans cesse aux aguets, qui devait toujours prévoir les malheurs.

— Tu ne donnes pas une chaise au commissaire et à ce monsieur, Hélène ?

— Le commissaire sait bien qu'il peut faire ici comme chez lui, maman. N'est-ce pas, monsieur Maigret ?

— Tu n'as rien offert ?

— Vous voulez un verre de vin ? Il n'y a

rien d'autre à la maison, à cause de papa.

C'était elle qui avait l'air de diriger la famille, qui, en tout cas, prenait la direction de l'entretien.

— Nous sommes allés au cinéma hier soir, dans le quartier, et nous avons reconnu celui que vous cherchez. Il ne se faisait pas appeler Moss, mais Peeters. Si nous ne sommes pas allés vous trouver plut tôt, c'est que papa hésitait à le trahir, objectant qu'il a été notre hôte et mangé maintes fois à notre table.

— Il vivait ici depuis longtemps?

— Environ un an. L'appartement couvre tout l'étage. Mes parents l'habitent depuis plus de trente ans et j'y suis née ainsi que ma sœur. Outre l'atelier et la cuisine, il y a trois chambres. L'an dernier, les jouets n'ont pas donné beaucoup, à cause de la crise, et nous avons décidé de prendre un locataire. Nous avons mis une annonce dans le journal.

» C'est ainsi que nous avons connu M. Peeters. »

— Quelle profession a-t-il prétendu exercer?

— Il nous a dit qu'il représentait une grosse manufacture anglaise, qu'il avait sa clientèle, de sorte que cela lui demandait assez peu de déplacements. Il lui arrivait de passer toute sa journée à la maison et, en bras de chemise, de venir nous donner un coup de main. Car nous travaillons tous aux jouets dont mon père fait les maquettes. Pour le dernier Noël, nous avons obtenu la commande du *Printemps*, et nous avons travaillé jour et nuit.

Grossot louchait d'une façon si pitoyable vers le litre à moitié vide que Maigret lui dit :

— Ma foi, versez-m'en un demi-verre, histoire de trinquer.

Il reçut en retour un regard de gratitude, tandis que la jeune fille continuait, sans cesser de surveiller son père pour s'assurer qu'il ne se servait pas trop largement :

— Il sortait surtout vers la fin de l'après-midi et il lui arrivait de rentrer assez tard. Certaines fois, il emportait sa valise à échantillons.

— Il a laissé ses bagages ici ?

— Il a laissé sa grosse malle.

— Pas sa valise ?

— Non. Au fait, Olga, avait-il sa valise en partant ?

— Non. Il ne l'avait pas rapportée la dernière fois qu'il était sorti avec.

— Quel genre d'homme était-ce ?

— Il était tranquille, très doux, peut-être un peu triste. Parfois il restait enfermé des heures entières dans sa chambre et on finissait par aller lui demander s'il était malade. D'autres fois, il partageait notre petit déjeuner et nous aidait toute la journée.

» Il lui arrivait de disparaître pendant plusieurs jours et il nous avait prévenus de ne pas nous inquiéter. »

— Comment l'appeliez-vous ?

— M. Jean. Il nous appelait par notre prénom, sauf ma mère, naturellement. Il nous apportait parfois des chocolats, de menus cadeaux.

— Jamais des cadeaux de valeur ?

— Nous ne les aurions pas acceptés.

— Il ne recevait pas ?

— Il n'est jamais venu personne. Il ne recevait pas de courrier non plus. Comme cela m'étonnait qu'un représentant de commerce ne reçoive pas de lettres, il m'a expliqué qu'il avait un associé en ville, avec un bureau, où sa correspondance était adressée.

— Il ne vous a jamais paru bizarre ?

Alors elle jeta un coup d'œil autour d'elle, murmura sans insister :

— Ici, vous savez !

— A votre santé, monsieur Maigret. A votre enquête ! Comme vous pouvez le voir, je ne suis plus rien, non seulement dans le domaine de l'art, mais dans ma propre maison. Je ne proteste pas. Je ne dis rien. Elles sont bien gentilles, mais, pour un homme qui...

— Laisse parler le commissaire, papa.

— Vous voyez ?

— Vous ne savez pas quand votre locataire est sorti avec sa valise pour la dernière fois ?

Ce fut Olga, l'aînée, qui répondit :

— Le dernier samedi avant...

Elle se demanda si elle devait continuer.

— Avant quoi ?

La benjamine reprit la direction de l'entretien.

— Ne rougis pas, Olga. Nous taquinions toujours ma sœur, qui avait un petit béguin pour M. Jean. Il n'était pas de son âge et il n'était pas beau, mais...

— Et toi ?

— Passons. Un samedi, vers six heures, il est parti avec sa valise, ce qui nous a déjà étonnés, car c'était surtout le lundi qu'il l'emportait avec lui.

— Le lundi après-midi ?

— Oui. Nous ne nous attendions pas à ce qu'il rentre, pensant qu'il allait passer le week-end quelque part, et nous nous moquions d'Olga qui faisait une tête longue.

— Ce n'est pas vrai.

— A quelle heure est-il rentré, nous n'en savons rien. D'habitude, nous l'entendions ouvrir la porte. Le dimanche matin, nous croyions l'appartement vide et nous parlions justement de lui quand il est sorti de sa chambre, l'air malade, et a demandé à mon père de bien vouloir lui procurer une bouteille d'alcool. Il prétendait avoir pris froid. Il est resté au lit une partie de la journée. Olga, qui a fait sa chambre, a remarqué que la valise n'y était pas. Elle a remarqué autre chose, en tout cas elle le prétend.

— J'en suis sûre.

— C'est possible. Tu le regardais de plus près que nous.

— Je suis sûre que son costume n'était plus le même. C'était un complet bleu aussi, mais pas le sien, et quand il l'a mis j'ai constaté qu'il était un peu trop large d'épaules.

— Il n'en a jamais parlé ?

— Non. Nous n'y avons pas fait allusion non plus. C'est alors qu'il s'est plaint d'avoir la grippe et qu'il est resté une semaine entière sans sortir.

— Il lisait les journaux ?

— Le journal du matin et celui du soir, comme nous.

— Vous n'avez rien noté de particulier ?

— Non. Sauf qu'il allait s'enfermer dans sa chambre dès que quelqu'un frappait à la porte.

— Quand a-t-il recommencé à sortir ?

— A peu près une semaine plus tard. La dernière fois qu'il a couché ici, c'était la nuit du 11 au 12 mars. C'est facile à savoir, grâce au calendrier de sa chambre dont on n'a pas arraché les feuillets depuis.

— Qu'est-ce que nous devons faire, monsieur le commissaire ? questionna la mère avec inquiétude. Vous croyez vraiment qu'il a commis un crime ?

— Je ne sais pas, madame.

— Si la police le recherche...

— Vous permettez que nous visitions sa chambre ?

Elle était au bout d'un corridor. Spacieuse, sans luxe, mais propre, avec de vieux meubles cirés et, sur les murs, des reproductions de Michel-Ange. Une énorme malle noire, du type le plus courant, se trouvait dans le coin droit, entourée d'une corde.

— Veux-tu ouvrir, Janvier ?

— Je dois sortir ? questionna la jeune fille.

Il n'en voyait pas la nécessité. Janvier eut plus de mal avec la corde qu'avec la serrure, qui était banale. Une forte odeur de naphtaline envahit la pièce et ce furent des complets, des souliers, du linge qu'on commença à entasser sur le lit.

On aurait dit la garde-robe d'un acteur, tant les vêtements étaient variés de qualité et d'origine. Un habit et un smoking portaient la marque d'un grand tailleur de Londres, et un autre habit avait été fait à Milan.

Il y avait aussi des complets en toile blanche comme on en porte surtout dans les pays chauds, des costumes assez voyants, d'autres, au contraire, qui auraient pu servir à un caissier de banque et, pour tous, on trouvait des chaussures assorties, provenant de Paris, de Nice, de Bruxelles, de Rotterdam ou de Berlin.

Enfin, tout en dessous, séparée du reste par une feuille de papier brun, on dénicha une défroque de clown que la jeune fille regarda avec plus de stupeur que le reste.

— C'est un acteur?

— A sa façon.

Il n'y avait rien d'autre de révélateur dans la chambre. Le complet bleu dont on venait de parler n'était pas là, car Peeters-Moss le portait lors de son départ ; il le portait peut-être encore.

Dans les tiroirs, des menus objets, étuis à cigarettes, portefeuilles, boutons de manchettes et de faux col, des clefs, une pipe cassée, mais pas un papier, par un carnet d'adresses.

— Je vous remercie, mademoiselle. Vous avez sagement fait de nous avertir et je suis persuadé que vous n'aurez aucun ennui. Je suppose que vous n'avez pas le téléphone?

— Nous l'avions il y a plusieurs années, mais...

Et, à voix basse :

— Papa n'a pas toujours été comme ça. C'est pourquoi nous ne pouvons pas lui en vouloir. Avant il ne buvait pas du tout. Puis il a rencontré des camarades des Beaux-Arts qui sont à peu près au même point que lui et il a pris l'habitude d'aller les retrouver dans un petit café du quartier Saint-Germain. Cela leur fait du tort.

Un établi, dans l'atelier, comportait plusieurs machines de précision, pour scier, limer, raboter les pièces de bois parfois minuscules dont on faisait de pimpants jouets.

— Emporte un peu de sciure dans un papier, Janvier.

Cela ferait plaisir à Moers. C'était amusant de penser qu'on aurait toujours fini par aboutir à cet appartement perché dans un immeuble du boulevard Pasteur rien que par les analyses de Moers. Cela aurait pris des semaines, peut-être des mois, mais on y serait quand même arrivé.

Il était dix heures. La bouteille de vin était vide, et Grossot proposa d'accompagner ces « messieurs » jusqu'en bas, ce qui ne lui fut pas permis.

— Je reviendrai probablement.

— Et lui ?

— Cela m'étonnerait. En tout cas, je ne pense pas que vous ayez quoi que ce soit à craindre de sa part.

— Où est-ce que je vous conduis, patron ? questionna Janvier en prenant le volant de la voiture.

— Boulevard Bonne-Nouvelle. Pas trop près de la *Chope du Nègre*. Tu m'attendras.

C'était une de ces grandes brasseries à choucroute et à saucisses où le samedi et le dimanche soir, quatre musiciens faméliques jouent sur une estrade. Maigret repéra tout de suite les deux couples, non loin de la devanture, remarqua que les dames avaient commandé des menthes vertes.

Alfonsi se leva le premier, par trop rassuré, en homme qui s'attend à recevoir un coup de pied au derrière, tandis que l'avocat, souriant, maître de lui, tendait sa main soignée.

— Je vous présente nos amies ?

Il le fit avec condescendance.

— Préférez-vous vous asseoir un moment à cette table ou voulez-vous que nous nous installions tout de suite à l'écart ?

— A condition qu'Alfonsi tienne compagnie aux dames et m'attende, je préfère vous écouter dès maintenant.

Une table était libre près de la caisse. La clientèle était surtout composée de commerçants du quartier qui, comme Maigret l'avait fait la veille, s'étaient offert en famille un dîner au restaurant. Il y avait aussi les clients de tous les jours, les célibataires ou les mal mariés, jouant aux cartes ou aux échecs.

— Qu'est-ce que vous prenez? Un demi? Un demi et une fine à l'eau, garçon.

Dans quelque temps, Liotard fréquenterait sans doute les bars de l'Opéra et des Champs-Élysées, mais il en était encore à se sentir plus à l'aise dans ce quartier où il pouvait regarder les gens avec un grand air de supériorité.

— Votre appel a donné des résultats?

— C'est pour me questionner, maître Liotard, que vous m'avez invité à venir vous voir?

— C'est peut-être pour faire la paix. Qu'en penseriez-vous? Il est possible que je me sois montré un peu brusque avec vous. N'oubliez pas que nous sommes chacun d'un côté de la barrière. Votre métier est d'accabler mon client, le mien de le sauver.

— Même en vous faisant son complice?

Le coup porta. Le jeune avocat aux narines longues et pincées battit deux ou trois fois des paupières.

— Je ne sais pas ce que vous voulez dire. Mais puisque vous préférez ça, j'irai droit au but. Le hasard veut, commissaire, que vous puissiez me faire beaucoup de tort, et même retarder, sinon interrompre, une carrière que tout le monde s'accorde à prévoir brillante.

— Je n'en doute pas.

— Merci. Le Conseil de l'Ordre est assez strict sur certaines règles, et j'avoue que, dans ma hâte d'arriver, je ne les ai pas toujours suivies.

Maigret buvait sa bière de l'air le plus innocent du monde en regardant la caissière, et celle-ci aurait pu le prendre pour le chapelier du coin.

— J'attends, monsieur Liotard.

— J'espérais que vous m'aideriez, car vous savez fort bien à quoi je fais allusion.

Il ne broncha toujours pas.

— Voyez-vous, monsieur le commissaire, j'appartiens à une famille pauvre, très pauvre...

— Les comtes de Liotard?

— J'ai dit très pauvre et non pas roturière. J'ai eu beaucoup de mal à payer mes études et j'ai été obligé de faire, comme étudiant, un certain nombre de métiers. J'ai même porté l'uniforme dans un cinéma des grands boulevards.

— Je vous en félicite.

— Il y a un mois encore, je ne mangeais pas tous les jours. J'attendais, comme tous les confrères de mon âge, et comme certains confrères plus âgés, l'affaire qui me permettrait de me faire remarquer.

— Vous l'avez trouvée.

— Je l'ai trouvée. C'est là que je veux en venir. Vendredi, dans le cabinet de M. Dossin, vous avez prononcé certaines paroles qui m'ont fait penser que vous en saviez long là-dessus et que vous n'hésiteriez pas à vous en servir contre moi.

— Contre vous?

— Contre mon client, si vous préférez.

— Je ne comprends pas.

De lui-même, il commanda un autre demi, car il avait rarement bu d'aussi bonne bière, d'autant qu'elle contrastait avec le vin tiède du sculpteur. Il regardait toujours la caissière, comme s'il se réjouissait qu'elle fût tellement pareille aux caissières des cafés d'antan, avec sa forte poitrine remontée par le corset, son corsage de soie noire orné d'un camée, sa chevelure qui formait une pièce montée.

— Vous disiez ?

— Comme vous voudrez. Vous tenez à ce que je parle tout seul et vous tenez le bon bout. J'ai commis une faute professionnelle en sollicitant Frans Steuvels.

— Une seule ?

— J'ai été alerté de la façon la plus banale du monde et j'espère que personne n'aura d'ennuis à cause de moi. Je suis assez intime avec un certain Antoine Bizard, nous habitons le même immeuble. Nous avons mangé tous les deux de la vache enragée. Il nous est arrivé de partager une boîte de sardines ou un camembert. Depuis peu de temps, Bizard travaille régulièrement dans un journal. Il a une petite amie.

— La sœur d'un de mes inspecteurs.

— Vous voyez que vous savez.

— J'aime vous l'entendre dire.

— Par ses fonctions au journal, où il fait les chiens écrasés, Bizard est à même de connaître certains faits avant le public...

— Les crimes, par exemple.

— Si vous voulez. Il a pris l'habitude de me téléphoner.

— Afin de vous permettre d'aller offrir vos services ?

— Vous êtes un vainqueur cruel, monsieur Maigret.

— Continuez.

Il regardait toujours la caissière, tout en s'assurant qu'Alfonsi tenait compagnie aux deux femmes.

— J'ai été prévenu que la police s'occupait d'un relieur de la rue de Turenne.

— Le 21 février, dans le début de l'après-midi.

— C'est exact. Je me suis rendu là-bas et j'ai réellement parlé d'un *ex-libris* avant d'aborder un sujet plus brûlant.

— Le calorifère.

— C'est tout. J'ai dit à Steuvels que, s'il avait des ennuis, je serais heureux de le défendre. Tout cela, vous le savez. Et ce n'est pas tellement pour moi que j'ai provoqué l'entretien que nous avons ce soir, sur un plan, j'espère, tout à fait privé, que pour mon client. Ce qui me ferait du tort en ce moment lui ferait du tort par ricochet. Voilà, monsieur Maigret. A vous de décider. Je peux être, demain matin, suspendu du Barreau. Il vous suffit pour cela d'aller trouver le bâtonnier et de lui dire ce que vous savez.

— Vous êtes resté longtemps chez le relieur?

— Un quart d'heure au plus.

— Vous avez vu sa femme?

— Je crois qu'à un certain moment elle a passé la tête au-dessus de l'escalier.

— Steuvels vous a fait des confidences?

— Non. Je suis prêt à vous en donner ma parole.

— Encore une question, maître. Depuis quand Alfonsi est-il à votre service?

— Il n'est pas à mon service. Il tient une agence de police privée.

— Dont il est le seul employé!

— Cela ne me regarde pas. Pour défendre mon client avec quelques chances de succès, j'ai besoin de certains renseignements que je ne peux dignement aller récolter moi-même.

— Vous aviez surtout besoin d'apprendre au jour le jour ce que je sais.

— C'est de bonne guerre, non ?

La caissière décrochait l'appareil téléphonique dont la sonnerie venait de résonner et répondait :

— Un moment. Je ne sais pas. Je vais voir.

Et, comme elle ouvrait la bouche pour dire un nom au garçon, le commissaire se leva :

— C'est pour moi ?

— Comment vous appelez-vous ?

— Maigret.

— Vous voulez que je vous passe la communication dans la cabine ?

— Ce n'est pas la peine. J'en ai pour quelques secondes.

C'était l'appel qu'il attendait du jeune Lapointe. La voix de celui-ci était vibrante d'émotion.

— C'est vous, monsieur le commissaire ? *Je l'ai !*

— Où ?

— Je n'ai rien trouvé chez l'avocat, où j'ai failli être surpris par la concierge. Comme vous me l'aviez dit, je me suis rendu rue de Douai. Là, tout le monde entre et sort. C'était facile. Je n'ai eu aucune peine à ouvrir la porte. La valise était sous le lit. Qu'est-ce que je fais ?

— Où es-tu ?

— Au tabac qui fait le coin de la rue de Douai.

— Prends un taxi et fais-toi conduire au Quai. Je t'y retrouverai.

— Bien, patron. Vous êtes content ?

Emporté par son enthousiasme et sa fierté, il se permettait le « mot » pour la première fois... pas trop rassuré pourtant...

— Tu as bien travaillé.

L'avocat observait Maigret avec inquiétude. Le commissaire reprit sa place sur la banquette avec un soupir d'aise, fit signe au garçon.

— Un autre demi. Peut-être feriez-vous bien de servir une fine à Monsieur.

— Mais...

— Tranquille, mon petit.

Ce mot-là suffit à faire sursauter l'avocat.

— Voyez-vous, ce n'est pas au Conseil de l'Ordre que je vais m'adresser à votre sujet. C'est au procureur de la République. Demain matin, il est probable que je lui demanderai deux mandats d'arrêt, un à votre nom, et un à celui de votre compère Alfonsi.

— Vous plaisantez ?

— Qu'est-ce que cela va chercher, une conviction de recel dans une affaire de meurtre ? Il faudra que je consulte le Code. Je réfléchirai. Je vous laisse l'addition ?

Déjà debout, il ajouta doucement, confidentiellement, en se penchant sur l'épaule de Philippe Liotard.

— J'ai la valise!

CHAPITRE

9

L'INSTANTANE DE DIEPPE

UNE PREMIÈRE FOIS, vers neuf heures et demie, Maigret avait appelé le cabinet du juge et parlé au greffier :

— Voulez-vous demander à M. Dossin s'il peut me recevoir ?

— Le voici justement.

— Du nouveau ? avait questionné celui-ci. Je veux dire en dehors de ce que raconte la presse de ce matin ?

Il était très excité. Les journaux relataient la découverte de l'auto chocolat et du cadavre de la vieille femme à Lagny.

— Je crois. Je vais venir vous en parler.

Or depuis, chaque fois que le commissaire se dirigeait vers la porte de son bureau, quelque chose le retardait, un coup de téléphone, l'arrivée d'un inspecteur qui avait un rapport à lui faire. Discrètement, le juge avait rappelé, demandé à Lucas :

— Le commissaire est toujours là ?

— Oui. Vous voulez que je vous le passe ?

— Non. Je suppose qu'il est occupé. Il montera certainement dans un moment.

A dix heures et quart, il s'était enfin décidé à réclamer Maigret au bout du fil.

— Excusez-moi de vous déranger. J'imagine que vous êtes débordé. Mais j'ai convoqué Frans Steuvels pour onze heures et je ne voudrais pas commencer l'interrogatoire sans vous avoir vu.

— Cela vous ennuierait-il que votre interrogatoire devienne une confrontation ?

— Avec qui ?

— Avec sa femme, probablement. Si vous le permettez, je la fais chercher à tout hasard par un inspecteur.

— Vous voulez une convocation régulière ?

— Ce ne sera pas nécessaire.

M. Dossin attendit encore dix bonnes minutes en feignant d'étudier le dossier. Enfin on frappa à la porte, il faillit se précipiter et vit Maigret qui se profilait, une valise à la main.

— Vous partez ?

Le sourire du commissaire le renseigna, et il murmura, n'en pouvant croire ses yeux!

— La valise ?

— Elle est lourde, je vous assure.

— Nous avions donc raison ?

Il était soulagé d'un grand poids. La campagne systématique de Philippe Liotard avait fini par l'ébranler, et c'était lui, en définitive, qui avait pris la responsabilité de garder Steuvels en prison.

— Il est coupable ?

— Suffisamment pour être mis à l'ombre pendant quelques années.

Maigret connaissait, depuis la veille au soir, le contenu de la valise, mais il en fit à nouveau l'inventaire, avec le même plaisir qu'un enfant étale ses cadeaux de Noël.

Ce qui rendait si lourde la valise brune, à la poignée réparée à l'aide de ficelle, c'étaient des pièces de métal qui ressemblaient quelque peu à des fers de relieur, mais qui étaient en réalité des sceaux de divers États.

Il y en avait en particulier des États-Unis et de toutes les républiques de l'Amérique du Sud.

On voyait aussi des tampons de caoutchouc comme ceux dont on se sert dans les mairies et dans les administrations, tout cela classé aussi soigneusement que les échantillons d'un voyageur de commerce.

— C'est le travail de Steuvels, expliqua Maigret. Son frère Alfred lui fournissait les modèles et les passeports en blanc. Ceux-ci, autant que j'en peux juger par ces exemplaires, n'ont pas été imités, mais proviennent de vols dans les consulats.

— Il y a longtemps qu'ils se livraient à ce trafic ?

— Je ne le pense pas. Deux ans à peu près, d'après les comptes de banque. Ce matin, en effet, j'ai fait téléphoner à la plupart des banques de Paris et c'est en partie ce qui m'a empêché de monter vous voir plus tôt.

— Steuvels a son compte à la Société Générale, rue Saint-Antoine, n'est-ce pas ?

— Il en possède un autre dans une banque américaine de la place Vendôme, un autre encore dans une banque anglaise du boulevard. Jusqu'ici, nous avons retrouvé cinq comptes différents. Cela a commencé il y a deux ans, ce qui correspond à la date à laquelle son frère s'est réinstallé à Paris.

Il pleuvait. Le temps était gris et doux. Maigret était assis près de la fenêtre, fumant sa pipe.

— Voyez-vous, monsieur le juge, Alfred Moss n'appartient pas à la catégorie des malfaiteurs professionnels. Ceux-ci ont une spécialité à laquelle, la plupart du temps, ils se tiennent. Je n'ai jamais vu un pickpocket devenir cambrioleur, ni un cambrioleur laver les chèques ou se lancer dans le vol à l'américaine.

» Alfred Moss est un clown, avant tout, un acrobate.

» C'est à la suite d'une chute qu'il est entré dans la carrière. Ou je me trompe fort, ou il a fait son premier coup par hasard, quand, usant de sa connaissance des langues, il est entré comme interprète dans un grand hôtel de Londres. L'occasion s'est présentée de voler des bijoux et il l'a fait.

» Cela lui a permis de vivre un certain temps. Pas longtemps, car il a un vice, je le sais depuis ce matin aussi, par le tenancier du P. M. U. de son quartier : il joue aux courses.

» Comme tout amateur, il ne s'en est pas tenu à un type de vols, mais il a voulu tout essayer.

» Il l'a fait avec une adresse et un bonheur rares, puisqu'on n'a jamais pu le condamner.

» Il connaissait des hauts et des bas. Un vol à l'américaine succédait à un lavage de chèques.

» Il a pris de l'âge, s'est vu brûlé dans la plupart des capitales, inscrit sur la liste noire des grands hôtels où il avait l'habitude d'opérer. »

— C'est alors qu'il s'est souvenu de son frère ?

— Oui. Il y a deux ans, le trafic de l'or, qui était sa précédente activité, ne rapportait plus. Au contraire, les faux passeports, en particulier pour l'Amérique, commençaient à atteindre des sommes astronomiques. Il s'est dit qu'un relieur, habitué à faire des blasons au petit fer, ne s'en tirerait pas plus mal avec des sceaux officiels.

— Ce qui m'étonne, c'est que Steuvels, qui n'a pas de besoins, ait accepté. A moins qu'il ait une double vie que nous n'avons pas découverte.

— Il n'a pas de double vie. La misère, la vraie, celle qu'il a connue dans son enfance et dans son adolescence, produit deux sortes de gens : des prodigues et des avares. Elle produit plus souvent des avares, et ceux-là ont une telle peur de voir revenir les mauvais jours qu'ils sont capables de tout pour s'assurer contre eux.

» Ou je me trompe fort, ou c'est le cas de Steuvels. La liste des banques où il a fait des dépôts nous en fournit d'ailleurs la preuve. Je suis persuadé que ce n'était pas une façon de cacher son bien, car l'idée ne lui venait pas qu'il pourrait être découvert. Mais il se méfiait des banques, des nationalisations, des dévaluations et il faisait des petits tas dans des établissements différents. »

— Je croyais qu'il ne quittait pratiquement jamais sa femme.

— C'est exact. C'était elle qui le quittait et j'ai mis du temps à le découvrir. Chaque lundi après-midi, elle se rendait au lavoir du Vert-Galant pour faire sa lessive. Presque chaque lundi, Moss arrivait avec sa valise et, lorsqu'il était en avance, attendait au *Tabac des Vosges* le départ de sa belle-sœur.

» Les deux frères avaient l'après-midi devant eux pour travailler. Les outils et les documents compromettants ne restaient jamais rue de Turenne. Moss les emportait avec lui.

» Certains lundis, Steuvels trouvait encore le temps de courir dans l'une de ses banques pour faire un dépôt. »

— Je ne vois pas le rôle de la jeune femme à l'enfant, ni celui de la comtesse Panetti, ni...

— J'y viens, monsieur le juge. Si je vous ai parlé d'abord de la valise, c'est parce que c'est ce qui, dès le début, m'a le plus tracassé. Depuis que je connais l'existence de Moss et que je soupçonne son activité, une autre question me préoccupait.

» *Pourquoi, le mardi 12 mars, tout à coup, alors que la bande paraissait tranquille, y a-t-il eu une effervescence inaccoutumée qui s'est terminée par l'éparpillement de ses membres ?*

» Je parle de l'incident du square d'Anvers, dont ma femme a été par hasard le témoin.

» La veille encore, Moss vivait paisiblement dans sa chambre meublée du boulevard Pasteur.

» Levine et l'enfant habitaient l'*Hôtel Beauséjour*, où Gloria venait prendre l'enfant chaque jour pour l'emmener en promenade.

» Or, ce mardi-là, vers dix heures du matin, Moss pénètre à l'*Hôtel Beauséjour* où, par précaution sans doute, il n'avait jamais mis les pieds.

» Tout de suite, Levine boucle ses valises, se précipite place d'Anvers, appelle Gloria, qui laisse l'enfant en plan pour le suivre.

» L'après-midi, tous ont disparu sans laisser de trace.

» *Que s'est-il produit le 12 mars au matin ?*

» Moss n'a pas reçu de coup de téléphone, car il n'y a pas le téléphone dans la maison où il habite.

» Mes inspecteurs et moi, à ce moment-là, n'avons fait aucune démarche capable d'effrayer la bande, que nous ne soupçonnions même pas.

» Quant à Frans Steuvels, il était à la Santé.

» Pourtant il s'est passé quelque chose.

» Et c'est seulement hier soir, en rentrant chez moi, que j'ai eu, par le plus grand des hasards, la réponse à cette question. »

M. Dossin était tellement soulagé de savoir que l'homme qu'il avait mis en prison n'était pas innocent qu'il écoutait avec l'air de sourire aux anges, comme il aurait écouté une histoire.

— Ma femme a passé la soirée à m'attendre et en a profité pour se livrer à un petit travail qu'elle accomplit une fois de temps en temps. Elle conserve en effet, dans des cahiers, les articles de journaux où il est question de moi, et elle le fait avec plus de soin encore depuis qu'un ancien directeur de la P. J. a publié ses Mémoires.

» — Il est possible que tu écrives les tiens un jour, quand tu seras à la retraite et que nous vivrons à la campagne », répond-elle quand je me moque de sa manie.

» Toujours est-il que, quand je suis rentré hier au soir, le pot de colle et les ciseaux étaient sur la table. Tout en me mettant à mon aise, il m'est arrivé de jeter un coup d'œil par-dessus l'épaule de ma femme, et j'ai vu, sur une des coupures qu'elle était en train de coller, une photo dont je ne me souvenais plus.

» Elle a été prise, il y a trois ans, par un petit journaliste normand : nous passions quelques jours à Dieppe, et nous avons été surpris, ma femme et moi, sur le seuil de notre pension de famille.

» Ce qui m'a étonné, c'est de voir cet instantané sur une page de magazine illustré.

» — Tu n'as pas lu ? C'est paru récemment : un article de quatre pages sur tes débuts et tes méthodes. »

» Il y avait d'autres photographies, dont une quand j'étais secrétaire dans un commissariat de police et que je portais de longues moustaches.

» — De quand cela date-t-il ?

» — L'article ? De la semaine dernière. Je n'ai pas eu le temps de te le montrer. Tu n'as presque jamais été à la maison ces temps-ci. »

» Bref, monsieur Dossin, l'article a paru dans un hebdomadaire parisien qui a été mis en vente le mardi 12 mars au matin.

» J'ai immédiatement envoyé quelqu'un chez les gens qui hébergeaient encore Moss à cette date et on nous a confirmé que la plus jeune des filles avait monté le magazine, en même temps que le lait, vers huit heures et demie, et que Moss y avait jeté un coup d'œil en prenant son petit déjeuner.

» Dès lors, tout devient simple. Cela explique même les longues stations de Gloria sur le banc du square d'Anvers.

» Après ses deux meurtres et l'arrestation de Steuvels, la bande, dispersée, se cachait. Sans doute Levine a-t-il changé plusieurs fois d'hôtel avant de s'installer rue Lepic. Par prudence, il ne se montrait pas dehors avec Gloria et ils allaient jusqu'à éviter de coucher tous les deux au même endroit.

» Moss devait chaque matin se rendre aux nouvelles place d'Anvers, où il suffisait de prendre place sur le bout du banc.

» Or, vous le savez, ma femme s'est assise trois ou quatre fois sur le même banc en attendant l'heure de monter chez son dentiste. Les deux femmes avaient fait connaissance et bavardaient ensemble. Moss avait probablement vu Mme Maigret, à qui il n'avait pas prêté attention.

» Jugez de sa réaction en découvrant, par le magazine, que la bonne dame du banc n'était autre que la femme du commissaire chargé de l'enquête !

» Il ne pouvait pas croire à un hasard, n'est-ce pas ? Il a pensé tout naturellement que nous étions sur la piste et que j'avais chargé ma femme de cette partie délicate de l'enquête.

» Il s'est précipité rue Lepic, a alerté Levine qui a couru avertir Gloria. »

— Pourquoi se sont-ils disputés ?

— Peut-être à cause de l'enfant ? Peut-être Levine ne voulait-il pas que Gloria aille le reprendre, risquant ainsi de se faire arrêter. Elle a tenu à y aller, mais en prenant le maximum de précautions.

» Ceci m'incline à penser, d'ailleurs, que, quand nous les retrouverons, ils ne seront pas ensemble. Ils se disent que nous connaissons Gloria et le gamin, alors que nous ne savons rien de Levine. Celui-ci doit être parti de son côté, Moss du sien. »

— Vous comptez mettre la main sur eux ?

— Demain ou dans un an. Vous savez comment cela se passe.

— Vous ne m'avez toujours pas dit où vous aviez découvert la valise ?

— Peut-être préféreriez-vous ignorer *comment*

nous sommes entrés en sa possession ? J'ai été forcé, en effet, d'employer des moyens peu légaux, dont je prends l'entière responsabilité, mais que vous ne pouvez pas approuver.

» Sachez seulement que c'est Liotard qui a débarrassé Steuvels de la valise compromettante.

» Pour une raison ou pour une autre, la nuit du samedi au dimanche, Moss avait emporté la valise rue de Turenne et l'y avait laissée.

» Frans Steuvels l'avait simplement poussée sous une table de son atelier, pensant que personne ne s'en occuperait.

» Le 21 février, Lapointe s'est présenté sous un prétexte et a visité les lieux.

» Remarquez que Steuvels ne pouvait atteindre son frère, ni probablement personne de la bande pour les mettre au courant. J'ai mon idée là-dessus.

» Il devait se demander comment se débarrasser de la valise et sans doute attendre la nuit pour s'en occuper quand Liotard, dont il n'avait jamais entendu parler, s'est présenté. »

— Comment Liotard a-t-il su ?

— Par une indiscrétion de mon service.

— Un de vos inspecteurs ?

— Je ne lui en veux pas et il y a peu de chances que cela se reproduise. Toujours est-il que Liotard a proposé ses services et même un peu plus que ceux qu'on peut attendre d'un membre du Barreau, puisqu'il a emporté la valise.

— C'est chez lui que vous l'avez trouvée ?

— Chez Alfonsi, à qui il l'a repassée.

— Voyons où nous en sommes...

— Nulle part. Je veux dire que nous ne savons rien du principal, c'est-à-dire des deux meurtres. Un homme a été tué rue de Turenne et, auparavant, la comtesse Panetti a été tuée dans sa voiture, nous ignorons où. Vous devez avoir reçu le rapport du docteur Paul, qui a retrouvé une balle dans la boîte crânienne de la vieille dame.

» Un petit renseignement, cependant, m'est arrivé d'Italie. Il y a plus d'un an que les Krynker ont divorcé en Suisse, car le divorce n'existe pas en Italie. La fille de la comtesse Panetti a repris sa liberté pour épouser un Américain avec qui elle vit actuellement au Texas.

— Elle ne s'est pas réconciliée avec sa mère ?

— Au contraire. Celle-ci lui en voulait plus que jamais. Krynker est un Hongrois de bonne famille, mais pauvre. Il a passé une partie de l'hiver à Monte-Carlo, à essayer, sans y réussir, de faire fortune au jeu.

» Il est arrivé à Paris trois semaines avant la mort de son ex-belle-mère et a vécu au *Commodore*, puis dans un petit hôtel de la rue Caumartin.

— Depuis combien de temps Gloria Lotti étaitelle au service de la vieille dame ?

— Quatre ou cinq mois. Ce n'est pas exactement établi.

On entendit du bruit dans le couloir, et l'huissier vint annoncer que l'inculpé était arrivé.

— Je lui dis tout ça ? questionna M. Dossin, que ses responsabilités embarrassaient à nouveau.

— De deux choses l'une : ou bien il va parler, ou bien il continuera à se taire. J'ai eu à m'occuper de quelques Flamands dans ma vie, et j'ai appris qu'ils sont durs à la détente, S'il se tait, nous en avons pour des semaines ou davantage. Il faudra attendre, en effet, que nous dénichions un des quatre personnages terrés Dieu sait où.

— Quatre ?

— Moss, Levine, la femme et l'enfant, et c'est peut-être l'enfant qui nous donne le plus de chances.

— A moins qu'ils s'en soient débarrassés.

— Si Gloria est allée le reprendre des mains de ma femme, au risque de se faire arrêter, c'est qu'elle y tient.

— Vous croyez que c'est son fils ?

— J'en ai la conviction. L'erreur, c'est de croire que les malfaiteurs ne sont pas des gens comme les autres, qui peuvent avoir des enfants et les aimer.

— Un fils de Levine ?

— Probablement.

Dossin, en se levant, eut un faible sourire qui n'était pas sans malice, ni sans humilité.

— Ce serait le moment d'un interrogatoire à la « chansonnette », n'est-ce pas ? Malheureusement, je n'y excelle pas.

— Si vous le permettez, je puis essayer de parler à Liotard.

— Pour qu'il conseille à son client de parler ?

— Au point où nous en sommes, c'est leur intérêt à tous les deux.

— Je ne les fais pas entrer tout de suite ?

— Dans un instant.

Maigret sortit et dit cordialement à l'homme assis, à droite de la porte, sur le banc poli par l'usage :

— Bonjour, Steuvels.

Juste à ce moment, Janvier débouchait dans le corridor, en compagnie d'une Fernande très émue. L'inspecteur hésitait à laisser la femme rejoindre son mari.

— Vous avez le temps de bavarder tous les

deux, leur dit Maigret. Le juge n'est pas tout à fait prêt.

Il fit signe à Liotard de le suivre et ils parlèrent à mi-voix, en arpentant le couloir grisâtre où il y avait des gendarmes devant la plupart des portes. Cela dura cinq minutes à peine.

— Quand vous voudrez, vous n'aurez qu'à frapper.

Maigret entra seul chez M. Dossin, laissant Liotard, Steuvels et Fernande en conversation.

— Résultat ?

— Nous allons le savoir. Liotard marche, évidemment. Je vous cuisinerai un bon petit rapport où j'arriverai à parler de la valise, sans le mettre en cause.

— Ce n'est pas très régulier, n'est-ce pas ?

— Voulez-vous mettre la main sur les meurtriers ?

— Je vous comprends, Maigret. Mais mon père et mon grand-père étaient dans la magistrature assise et je crois que c'est là que je finirai aussi.

Il rougissait, attendant avec impatience et crainte tout à la fois qu'on frappât à la porte.

Celle-ci s'ouvrit, enfin.

— Je fais entrer Mme Steuvels en même temps ? questionna l'avocat.

Fernande avait pleuré et tenait son mouchoir à la main. Tout de suite, elle chercha Maigret des yeux pour lui lancer un regard de détresse, comme si elle s'attendait à ce qu'il pût encore arranger les choses.

Steuvels, lui, n'avait pas changé. Il gardait son air doux et buté tout ensemble, et il alla s'asseoir docilement sur la chaise qu'on lui désignait.

Quand le greffier voulut prendre sa place, M. Dossin lui dit :

— Tout à l'heure. Je vous appellerai quand l'interrogatoire deviendra officiel. Vous êtes d'accord, maître Liotard ?

— Tout à fait d'accord. Je vous remercie.

Il n'y avait plus que Maigret debout, face à la fenêtre sur laquelle roulaient des gouttelettes de pluie. La Seine était grise comme le ciel ; les péniches, les toits, les trottoirs avaient des reflets mouillés.

Alors, après deux ou trois toussotements, on entendit la voix du juge Dossin qui prononçait, hésitante :

— Je crois, Steuvels, que le commissaire aimerait vous poser quelques questions.

Force fut à Maigret, qui venait d'allumer sa pipe, de se retourner, en essayant d'effacer un sourire amusé.

— Je suppose, commença-t-il, toujours debout, avec l'air de faire la classe, que votre défenseur, en quelques mots, vous a mis au courant ? Nous connaissons votre activité et celle de votre frère. Il est possible qu'en ce qui vous concerne personnellement nous n'ayons rien d'autre à vous reprocher.

» En effet, ce n'est pas votre costume qui portait des traces de sang, mais celui de votre frère, qui a laissé le sien chez vous et a emporté le vôtre. »

— Mon frère n'a pas tué non plus.

— C'est probable. Voulez-vous que je vous interroge, ou préférez-vous nous raconter ce que vous savez ?

Non seulement il avait à présent un allié en Me Liotard, mais Fernande, du regard, encourageait Frans à parler.

— Questionnez-moi. Je verrai si je peux répondre.

Il essuya les verres épais de ses lunettes et attendit, les épaules rondes, la tête un peu penchée en avant, comme si elle était trop lourde.

— Quand avez-vous appris que la comtesse Panetti avait été tuée ?

— Au cours de la nuit du samedi au dimanche.

— Vous voulez bien dire la nuit où Moss, Levine et un troisième personnage qui est probablement Krynker sont venus chez vous.

— Oui.

— Est-ce vous qui avez pensé à faire envoyer un télégramme pour éloigner votre femme ?

— Je n'étais même pas au courant.

C'était plausible. Alfred Moss connaissait suffisamment les habitudes de la maison et la vie du ménage.

— De sorte que, quand on a frappé à votre porte, vers neuf heures du soir, vous ignoriez de quoi il s'agissait ?

— Oui. Je ne voulais d'ailleurs pas les laisser entrer. J'étais en train de lire paisiblement au sous-sol.

— Que vous a dit votre frère ?

— Qu'un de ses compagnons avait besoin d'un passeport le soir même, qu'il avait apporté le nécessaire et que je devais m'y mettre immédiatement.

— C'était la première fois qu'il amenait des étrangers chez vous ?

— Il savait que je ne voulais voir personne.

— Mais vous n'ignoriez pas qu'il avait des complices ?

— Il m'avait dit qu'il travaillait avec un nommé Schwartz.

— Celui qui, rue Lepic, se faisait appeler Levine ? Un homme assez gras, très brun ?

— Oui.

— Vous êtes descendus tous ensemble au sous-sol ?

— Oui. Je ne pouvais pas travailler dans l'atelier à cette heure-là, car les voisins se seraient étonnés.

— Parlez-moi du troisième personnage ?

— Je ne le connais pas.

— Avait-il l'accent étranger ?

— Oui. Il était Hongrois. Il paraissait anxieux de partir et insistait pour savoir s'il n'aurait pas d'ennuis avec le faux passeport.

— Pour quel pays ?

— Les États-Unis. Ce sont les plus difficiles à imiter, à cause de certaines marques spéciales qui sont de convention entre les consuls et les services de l'immigration.

— Vous vous êtes mis au travail ?

— Je n'en ai pas eu le temps.

— Que s'est-il passé ?

— Schwartz était en train de faire le tour du logement, comme pour s'assurer qu'on ne pouvait pas nous surprendre. Soudain, alors que j'avais le dos tourné — j'étais penché sur la valise placée sur une chaise — j'ai entendu une détonation et j'ai vu le Hongrois qui s'affalait.

— C'est Schwartz qui avait tiré ?

— Oui.

— Votre frère a paru surpris ?

Une seconde d'hésitation.

— Oui.

— Que s'est-il passé ensuite ?

— Schwartz nous a déclaré que c'était la seule solution possible et qu'il n'y pouvait rien. D'après lui, Krynker était à bout de nerfs et se serait fatalement fait prendre. Une fois pris, il aurait parlé.

» — J'ai eu tort de le considérer comme un homme », a-t-il ajouté.

» Puis il m'a demandé où était le calorifère. »

— Il savait qu'il y en avait un ?

— Je crois.

Par Moss, c'était évident, comme il était évident aussi que Frans ne voulait pas charger son frère.

— Il a ordonné à Alfred d'allumer du feu, m'a prié d'apporter des outils bien tranchants.

» — Nous sommes tous dans le même bain, mes enfants. Si je n'avais pas abattu cet imbécile, nous aurions été arrêtés avant une semaine. Personne ne l'a vu avec nous. Personne ne sait qu'il est ici. Il n'a aucune famille pour le réclamer. Qu'il disparaisse et nous sommes tranquilles. »

Ce n'était pas le moment de demander au relieur si chacun avait aidé au dépeçage.

— Vous a-t-il parlé de la mort de la vieille dame ?

— Oui.

— C'était la première fois que vous en aviez connaissance ?

— Je n'avais vu personne depuis l'histoire du départ en auto.

Il devenait plus réticent, tandis que le regard de Fernande allait du visage de son mari à celui de Maigret.

— Parle, Frans. Ce sont eux qui t'ont mis

dedans et qui se sont garés. Quel intérêt aurais-tu à te taire?

Me Liotard ajoutait :

— En ma qualité de défenseur, je puis vous dire qu'il est non seulement de votre devoir, mais de votre intérêt de parler. Je pense que la Justice vous tiendra compte de votre franchise.

Frans le regarda avec de gros yeux troubles et haussa légèrement les épaules.

— Ils ont passé chez moi une partie de la nuit, prononça-t-il enfin. C'était très long.

Fernande, à cause d'un haut-le-cœur, porta son mouchoir à la bouche.

— Schwartz, ou Levine, peu importe son nom avait une bouteille d'alcool dans la poche de son pardessus et mon frère a beaucoup bu.

» A certain moment, Schwartz lui a dit, l'air furieux :

» — C'est la seconde fois que tu me fais ce coup-là! »

» Et c'est alors qu'Alfred m'a raconté l'histoire de la vieille dame.

— Un instant, l'interrompit Maigret. Que savez-vous exactement de Schwartz?

— Que c'est l'homme pour qui mon frère travaillait. Il m'en avait parlé plusieurs fois. Il le trouvait très fort, mais dangereux. Il a un enfant d'une jolie fille, une Italienne, avec qui il vit la plupart du temps.

— Gloria?

— Oui. Schwartz travaillait surtout dans les grands hôtels. Il avait repéré une femme très riche, excentrique, dont il espérait tirer gros, et il avait fait entrer Gloria à son service.

— Et Krynker?

— Je ne l'ai pour ainsi dire vu que mort, car le coup de feu a éclaté alors qu'il n'était chez moi que depuis quelques instants. Il y a des choses que je n'ai comprises qu'après, en réfléchissant.

— Par exemple ?

— Que Schwartz avait minutieusement préparé son coup. Il voulait faire disparaître Krynker et il avait trouvé ce moyen-là de s'en débarrasser sans courir de risques. Il savait, en venant chez moi, ce qui allait se passer. Il avait envoyé Gloria à Concarneau pour expédier le télégramme à Fernande.

— La vieille dame ?

— Je n'ai pas été mêlé à cette histoire. Je sais seulement que, depuis son divorce, Krynker, qui était à la côte, avait essayé de se rapprocher d'elle. Les derniers temps, il y était parvenu et elle lui donnait parfois des petites sommes. Cela fondait immédiatement, car il aimait mener large vie. Ce qu'il voulait, c'était assez d'argent pour passer aux États-Unis.

— Il aimait encore sa femme ?

— Je l'ignore. Il a fait la connaissance de Schwartz, ou plutôt celui-ci, averti par Gloria, s'est arrangé pour le rencontrer dans un bar et ils sont devenus plus ou moins amis.

— C'est la nuit de la mort de Krynker et du calorifère qu'ils vous ont raconté tout ça ?

— Nous en avions pour des heures à attendre que...

— Compris.

— On ne m'a pas dit si l'idée était de Krynker ou si Schwartz la lui a suggérée. La vieille dame avait, paraît-il, l'habitude de voyager avec une mallette qui contenait pour une fortune de bijoux.

» C'était à peu près la saison où elle se rendait chaque année sur la Côte d'Azur. Il s'agissait de la décider à partir dans la voiture de Krynker.

» Sur la route, à un point donné, on attaquerait l'auto et on s'emparerait de la mallette.

» Dans l'esprit de Krynker, cela devait se passer sans effusion de sang. Il était persuadé qu'il ne risquait rien, puisqu'il serait dans l'auto avec son ex-belle-mère.

» Pour une raison ou pour une autre, Schwartz a tiré, et je pense qu'il l'a fait exprès, que c'était pour lui un moyen d'avoir les deux autres à sa merci. »

— Y compris votre frère?

— Oui.

— L'attaque a eu lieu sur la route de Fontainebleau, après quoi ils sont allés jusqu'à Lagny pour se débarrasser de la voiture. Schwartz, à une certaine époque, a habité un pavillon dans cette région et connaissait les lieux. Que voulez-vous encore savoir?

— Où sont les bijoux?

— Ils ont bien trouvé la mallette, mais les bijoux n'étaient pas dedans. Sans doute, la comtesse se méfiait-elle quand même? Gloria, qui l'accompagnait, n'en savait rien non plus. Peut-être les a-t-elle déposés dans une banque?

— C'est alors que Krynker s'est affolé.

— Il voulait tenter tout de suite de passer la frontière, avec ses vrais papiers, mais Schwartz lui a déclaré qu'il se ferait prendre. Il ne dormait plus, buvait beaucoup. Cela tournait à la panique, et Schwartz a décidé que le seul moyen d'être à peu près tranquille était de s'en débarrasser. Il l'a amené chez moi sous le prétexte de lui procurer un faux passeport.

— Comment se fait-il que le complet de votre frère...

— Je comprends. A certain moment, Alfred a trébuché, juste à l'endroit où...

— Alors, vous lui avez donné votre complet bleu et vous avez gardé le sien que vous avez nettoyé le lendemain ?

Fernande devait avoir la tête pleine d'images sanglantes. Elle regardait son mari comme si elle le voyait pour la première fois, essayant sans doute de l'imaginer pendant les journées et les nuits qu'il avait ensuite passées seul dans le sous-sol et dans l'atelier.

Maigret la vit frissonner, mais l'instant d'après elle tendait une main hésitante qui allait se poser sur la grosse patte du relieur.

— Peut-être qu'à « Centrale » ils ont un atelier de reliure, murmura-t-elle en s'efforçant de sourire.

***

Levine, qui ne s'appelait ni Schwartz, ni Levine, mais Sarkistian, et qui était recherché par les parquets de trois pays, fut arrêté un mois plus tard, dans un petit village aux environs d'Orléans, où il passait son temps à pêcher à la ligne.

Deux jours plus tard, on retrouvait Gloria Lotti dans une maison close d'Orléans, et elle refusa toujours de révéler le nom des paysans à qui elle avait confié son fils.

Quant à Alfred Moss, son signalement resta dans les bulletins de police pendant quatre ans.

Une nuit, un clow miteux se pendit dans un petit cirque qui allait de village en village, le long des routes du Nord, et c'est en examinant les papiers trouvés dans sa valise que la gendarmerie apprit son identité.

Les bijoux de la comtesse Panetti n'avaient pas quitté le *Claridge*, enfermés qu'ils étaient dans une des malles laissées en consigne, et le cordonnier de la rue de Turenne n'avoua jamais, même ivre mort, qu'il avait écrit le billet anonyme.

FIN

Le 22 décembre 1949.

OUVRAGES DE GEORGES SIMENON

AUX PRESSES DE LA CITÉ (suite)

« TRIO »

I. — La neige était sale — Le destin des Malou — Au bout du rouleau
II. — Trois chambres à Manhattan — Lettre à mon juge — Tante Jeanne
III. — Une vie comme neuve — Le temps d'Anaïs — La fuite de Monsieur Monde
IV. — Un nouveau dans la ville — Le passager clandestin — La fenêtre des Rouet
V. — Pedigree
VI. — Marie qui louche — Les fantômes du chapelier — Les quatre jours du pauvre homme
VII. — Les frères Rico — La jument perdue — Le fond de la bouteille
VIII. — L'enterrement de M. Bouvet — Le grand Bob — Antoine et Julie

PRESSES POCKET

Monsieur Gallet, décédé
Le pendu de Saint-Pholien
Le charretier de la Providence
Le chien jaune
Pietr-le-Letton
La nuit du carrefour
Un crime en Hollande
Au rendez-vous des Terre-Neuvas
La tête d'un homme
La danseuse du gai moulin
Le relais d'Alsace
La guinguette à deux sous
L'ombre chinoise
Chez les Flamands
L'affaire Saint-Fiacre
Maigret
Le fou de Bergerac
Le port des brumes
Le passager du « Polarlys »
Liberty Bar
Les 13 coupables
Les 13 énigmes
Les 13 mystères
Les fiançailles de M. Hire
Le coup de lune
La maison du canal
L'écluse n° 1
Les gens d'en face
L'âne rouge
Le haut mal
L'homme de Londres

A LA N.R.F.

Les Pitard
L'homme qui regardait passer les trains
Le bourgmestre de Furnes
Le petit docteur
Maigret revient
La vérité sur Bébé Donge
Les dossiers de l'Agence O
Le bateau d'Émile
Signé Picpus
Les nouvelles enquêtes de Maigret
Les sept minutes
Le cercle des Mahé
Le bilan Malétras

ÉDITION COLLECTIVE SOUS COUVERTURE VERTE

I. — La veuve Couderc — Les demoiselles de Concarneau — Le coup de vague — Le fils Cardinaud
II. — L'Outlaw — Cour d'assises — Il pleut, bergère... — Bergelon
III. — Les clients d'Avrenos — Quartier nègre — 45° à l'ombre
IV. — Le voyageur de la Toussaint — L'assassin — Malempin
V. — Long cours — L'évadé
VI. — Chez Krull — Le suspect — Faubourg
VII. — L'aîné des Ferchaux — Les trois crimes de mes amis
VIII. — Le blanc à lunettes — La maison des sept jeunes filles — Oncle Charles s'est enfermé
IX. — Ceux de la soif — Le cheval blanc — Les inconnus dans la maison
X. — Les noces de Poitiers — Le rapport du gendarme G. 7
XI. — Chemin sans issue — Les rescapés du « Télémaque » — Touristes de bananes
XII. — Les sœurs Lacroix — La mauvaise étoile — Les suicidés
XIII. — Le locataire — Monsieur La Souris — La Marie du Port
XIV. — Le testament Donadieu — Le châle de Marie Dudon — Le clan des Ostendais

MÉMOIRES

Lettre à ma mère
Un homme comme un autre
Des traces de pas
Les petits hommes
Vent du nord vent du sud
Un banc au soleil
De la cave au grenier
A l'abri de notre arbre
Tant que je suis vivant
Vacances obligatoires
La main dans la main
Au-delà de ma porte-fenêtre
Je suis resté un enfant de chœur
A quoi bon jurer ?
Point-virgule
Le prix d'un homme
On dit que j'ai soixante-quinze ans
Quand vient le froid
Les libertés qu'il nous reste
La Femme endormie
Jour et nuit
Destinées
Quand j'étais vieux
Mémoires intimes

Achevé d'imprimer en octobre 1989
sur les presses de l'Imprimerie Bussière
à Saint-Amand (Cher)

— N° d'imp. 9692. —
Dépôt légal : 4e trimestre 1967.
Imprimé en France